Impressum
Verlag: BABADADA GmbH, Nedderfeld 112 , 22529 Hamburg
Geschäftsführer / Verlagsleitung: Harald Hof
Druck: Books on Demand GmbH, In de Tarpen 42, 22848 Norderstedt

Imprint
Publisher: BABADADA GmbH, Nedderfeld 112 , 22529 Hamburg, Germany
Managing Director / Publishing direction: Harald Hof
Print: Books on Demand GmbH, In de Tarpen 42, 22848 Norderstedt, Germany

mokykla
de School

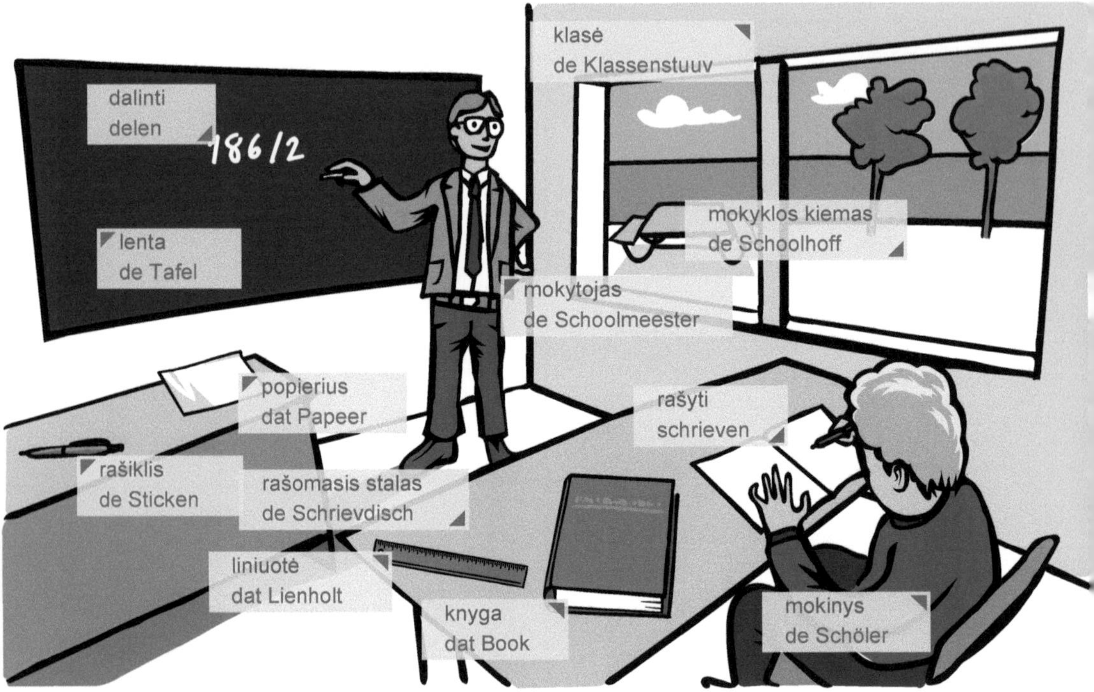
klasė
de Klassenstuuv
dalinti
delen
186/2
lenta
de Tafel
mokyklos kiemas
de Schoolhoff
mokytojas
de Schoolmeester
popierius
dat Papeer
rašyti
schrieven
rašiklis
de Sticken
rašomasis stalas
de Schrievdisch
liniuotė
dat Lienholt
knyga
dat Book
mokinys
de Schöler

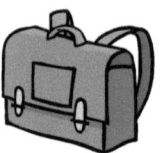

kuprinė
de Ranzel

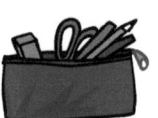

penalas
de Feddermapp

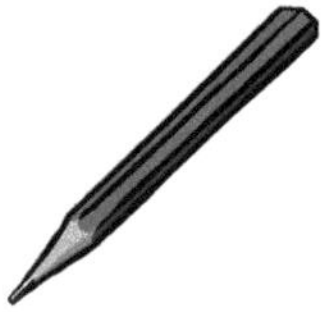

pieštukas
de Bleesticken

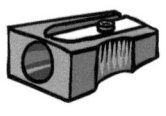

drožtukas
de Scharpmaker

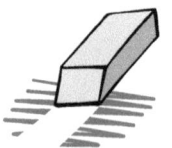

trintukas
dat Radeergummi

piešimo bloknotas
de Tekenblock

piešinys

de Teken

teptukas

de Pinsel

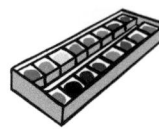

dažų dėžutė

de Malkassen

žirklės

de Scheer

klijai

de Klever

vadovėlis

dat Heft to'n Öven

namų darbai

de Huusopgaav

12

numeris

de Tall

2+2

pridėti

tohooptellen

5-2

atimti

aftrecken

2×2

dauginti

malnehmen

skaičiuoti

reken

raidė

de Bookstaav

ABCDEFG HIJKLMN OPQRSTU VWXYZ

abėcėlė

dat ABC

žodis

dat Woort

tekstas
de Text

skaityti
lesen

kreida
de Kried

pamoka
de Stunn

dienynas
dat Klassenbook

egzaminas
de Pröven

pažymėjimas
dat Tüügnis

mokyklinė uniforma
de Schooluniform

išsilavinimas
de Utbillen

enciklopedija
dat Nakieksel

universitetas
de Universität

mikroskopas
dat Mikroskop

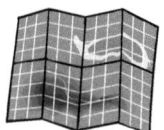

žemėlapis
de Koort

šiukšliadėžė
de Papeerkorf

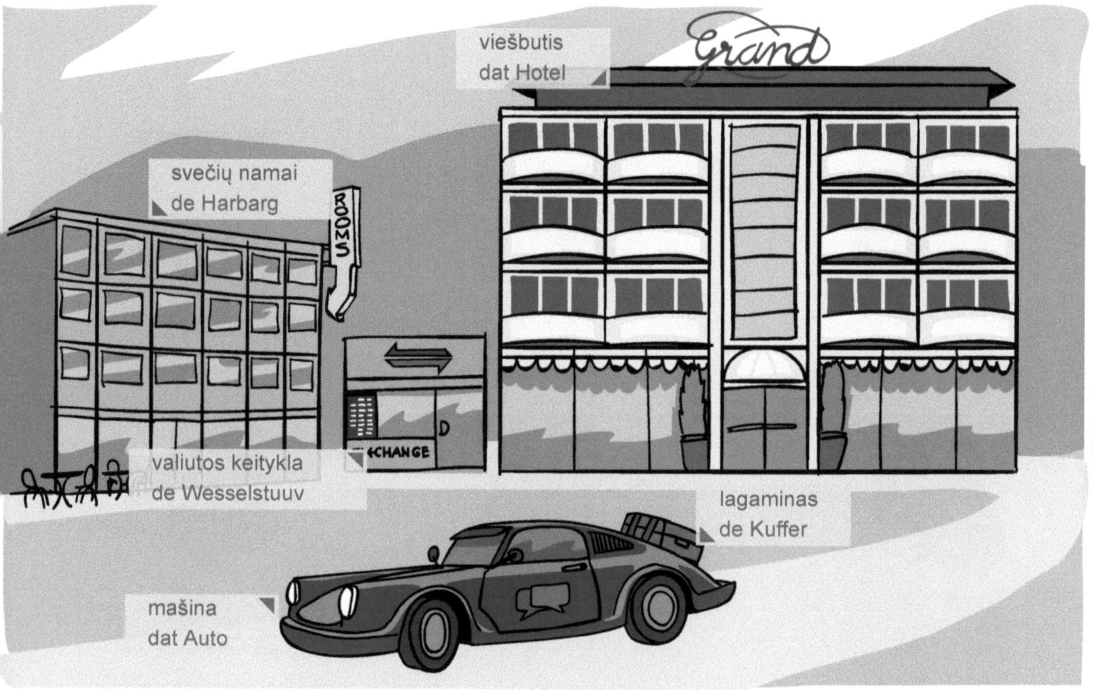

viešbutis
dat Hotel
Grand
svečių namai
de Harbarg
ROOMS
valiutos keitykla
de Wesselstuuv
lagaminas
de Kuffer
mašina
dat Auto

kalba
de Spraak

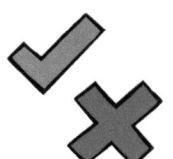

taip / ne
jo / ne

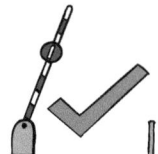

Gerai
Jo

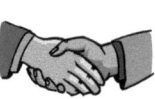

sveiki
Moin

vertėjas raštu
de Översetter

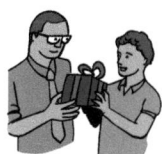

Ačiū
Dank ok

kiek kainuoja...?

Wat kost...?

aš nesuprantu

Ik verstah nich

problema

dat Problem

Labas vakaras!

Goden Avend

Labas rytas!

Moin!

Labos nakties!

Gode Nacht!

viso gero

Tschüüs

kryptis

de Richt

bagažas

de Bagaasch

krepšys

de Tasch

kuprinė

de Rüchsack

svečias

de Gast

kambarys

de Stuuv

miegmaišis

de Slaapsack

palapinė

dat Telt

turizmo informacija

de Touristeninformatschoon

paplūdimys

de Strand

kreditinė kortelė

de Kreditkoort

pusryčiai

dat Fröhstück

pietūs

dat Meddageten

vakarienė

dat Avendeten

bilietas

de Fohrkort

liftas

de Fohrstohl

pašto ženklas

de Breefmark

siena

de Grenz

muitinė

de Toll

ambasada

de Bottschop

viza

dat Visum

pasas

de Pass

transportas
de Transport

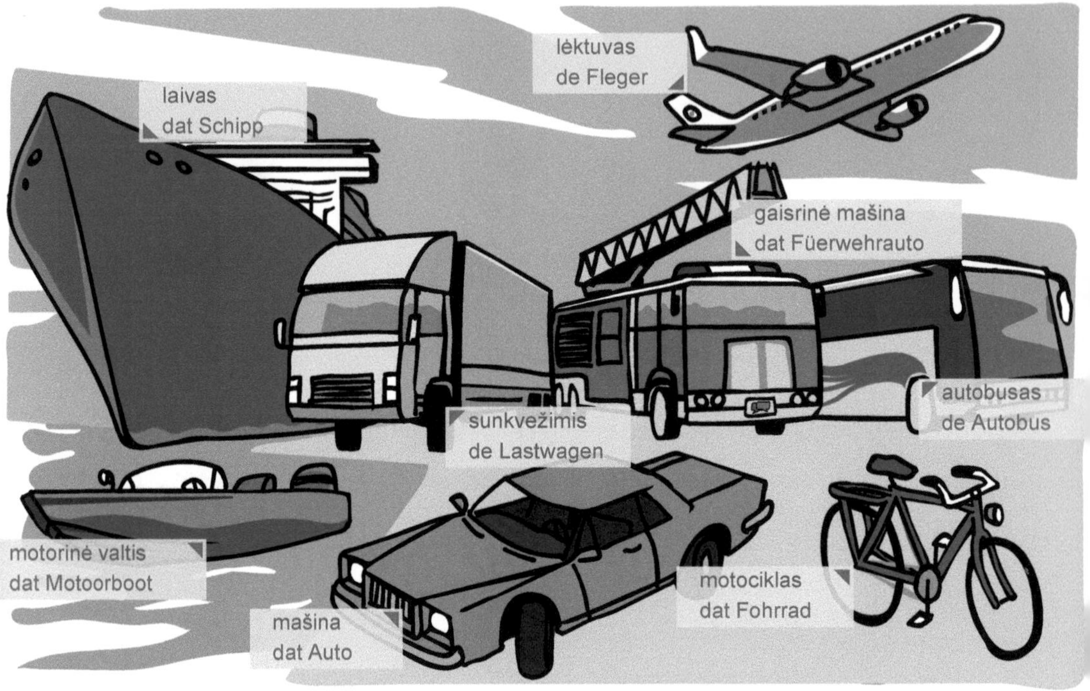
lėktuvas
de Fleger
laivas
dat Schipp
gaisrinė mašina
dat Füerwehrauto
autobusas
de Autobus
sunkvežimis
de Lastwagen
motorinė valtis
dat Motoorboot
motociklas
dat Fohrrad
mašina
dat Auto

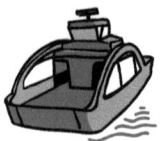

keltas
....
de Fähr

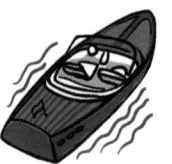

valtis
....
dat Boot

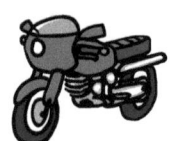

mopedas
....
dat Motoorrad

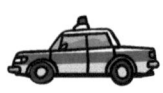

policijos automobilis
....
dat Polizeiauto

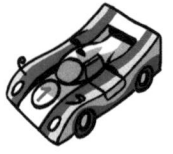

lenktyninis automobilis
....
dat Rönnauto

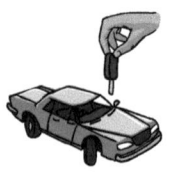

nuomojamas automobilis
....
de Lehnwagen

bendras automobilio
naudojimas
....
dat Carsharing

techninės pagalbos
automobilis
....
de Afsleepwagen

šiukšliavežė
....
dat Müllauto

variklis
....
de Motoor

degalai
....
de Kraftstoff

degalinė
....
de Tanksteed

kelio ženklas
....
dat Verkehrsschild

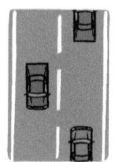

eismas
....
de Verkehr

eismo spūstis
....
de Stau

mašinų stovėjimo aikštelė
....
de Afstellplatz

traukinių stotis
....
de Bahnhoff

bėgiai
....
de Sporen

traukinys
....
de Tog

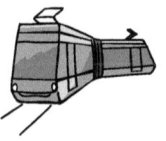

tramvajus
....
de Stratenbahn

vagonas
....
de Wagon

sraigtasparnis

de Dwarsmöhl

oro uostas

de Flooghaven

bokštas

de Tower

keleivis

de Fohrgast

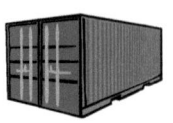

konteineris

de Grootkist

dėžė

de Karton

vežimėlis

de Koor

krepšys

de Korf

pakilti / nusileisti

starten / lannen

miestas

de Stadt

kaimas

dat Dörp

miesto centras

de Binnenstadt

namas

dat Huus

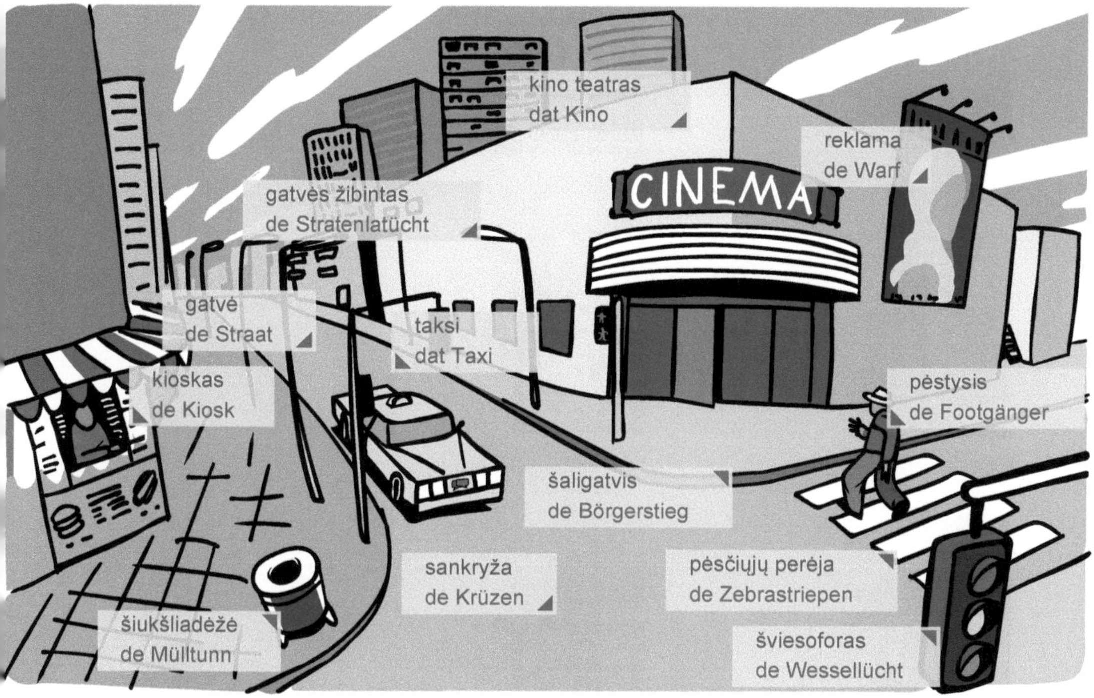

kino teatras
dat Kino
reklama
de Warf
CINEMA
gatvės žibintas
de Stratenlatücht
gatvė
de Straat
taksi
dat Taxi
kioskas
de Kiosk
pėstysis
de Footgänger
šaligatvis
de Börgerstieg
sankryža
de Krüzen
pėsčiųjų perėja
de Zebrastriepen
šiukšliadėžė
de Mülltunn
šviesoforas
de Wessellücht

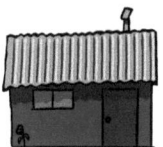

trobelė

de Hütt

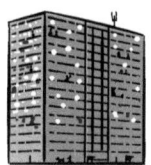

butas

de Wahnung

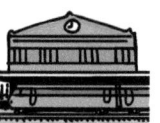

traukinių stotis

de Bahnhoff

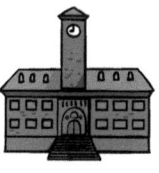

rotušė

dat Raathuus

MUSEUM

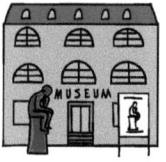

muziejus

dat Museum

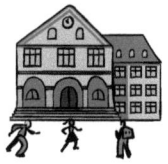

mokykla

de School

universitetas

de Universität

bankas

de Bank

ligoninė

dat Krankenhuus

viešbutis

dat Hotel

vaistinė

de Afteek

biuras

dat Büro

knygynas

de Bookhökerie

parduotuvė

de Hökerie

gėlių parduotuvė

de Blomenhökerie

prekybos centras

de Supermarkt

turgus

de Markt

universalinė parduotuvė

dat Koophuus

žuvies parduotuvė

de Fischhökerie

prekybos centras

dat Inkoopszentrum

uostas

de Haven

parkas

de Parkanlaag

suoliukas

de Bank

tiltas

de Brüch

laiptai

de Trepp

metro

de Ünnergrundbahn

tunelis

de Tunnel

autobusų stotelė

de Busstoppsteed

baras

de Bar

restoranas

dat Spieslokal

lauko pašto dėžutė

de Breefkassen

kelio ženklas

dat Stratenschild

parkomatas

de Parkklock

zoologijos sodas

de Deertenpark

baseinas

de Baadanstalt

mečetė

de Moschee

ūkininko ūkis

de Buernhoff

tarša

de Ümweltversmudden

kapinės

de Karkhoff

bažnyčia

de Kark

žaidimų aikštelė

de Speelplatz

šventykla

de Tempel

kraštovaizdis
de Landschop

lapas
dat Blatt

kelio rodyklė
de Wiespahl

kelias
de Weg

pieva
de Wisch

akmuo
de Steen

medis
de Boom

ėjikas
de Wannerer

upė
de Fluss

žolė
dat Gras

gėlė
de Bloom

slėnis

dat Daal

kalva

de Barg

ežeras

de See

miškas

dat Holt

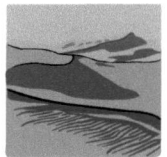

dykuma

de Wööst

ugnikalnis

de Füerspien Barg

pilis

dat Slott

vaivorykštė

de Regenbagen

grybas

de Poggenstohl

palmė

de Palm

uodas

de Steekmück

musė

de Fleeg

skruzdėlė

de Miegeemk

bitė

de Imm

voras

de Spinn

vabalas

de Sebber

varlė

de Pogg

voverė

de Katteker

ežys

de Swienegel

kiškis

de Haas

pelėda

de Uul

paukštis

de Vagel

gulbė

de Swaan

šernas

dat Wildswien

elnias

de Hirsch

briedis

de Elk

užtvanka

de Staudamm

vėjo jėgainė

dat Windrad

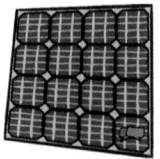

saulės baterija

dat Solarmodul

klimatas

dat Klima

restoranas
dat Spieslokal

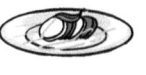

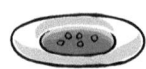

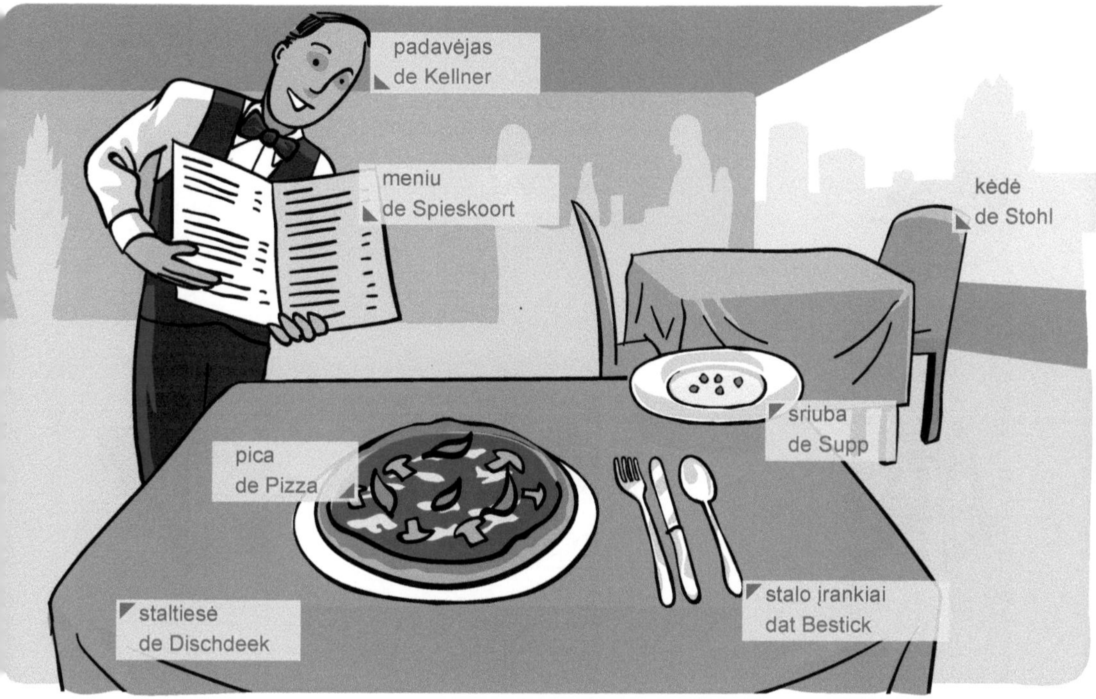
padavėjas
de Kellner
meniu
de Spieskoort
kėdė
de Stohl
sriuba
de Supp
pica
de Pizza
staltiesė
de Dischdeek
stalo įrankiai
dat Bestick

užkandis
....
de Vörspies

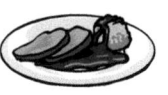

pagrindinis patiekalas
....
dat Haupteten

desertas
....
de Nadisch

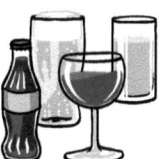

gėrimai
....
de Drünk

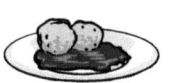

maistas
....
dat Eten

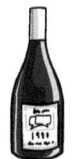

butelis
....
de Buddel

greitai pateikiamas maistas

dat Fastfood

gatvės maistas

dat Strateneten

arbatinukas

de Teekann

cukrinė

de Zuckerdoos

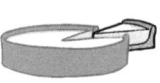

porcija

de Portschoon

espreso aparatas

de Espressomaschien

aukšta kėdė

de Hoochstohl

sąskaita

de Reken

padėklas

dat Tablett

peilis

dat Mess

šakutė

de Gavel

šaukštas

de Lepel

arbatinis šaukštelis

de Teelepel

servetėlė

dat Munddook

stiklinė

dat Glas

lėkštė

de Töller

sriubos lėkštė

de Suppentöller

padėklas

de Ünnertass

padažas

de Sooß

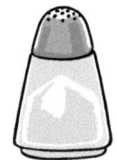

druskinė

de Soltstreuer

pipirų malūnėlis

de Pepermöhl

actas

de Etig

aliejus

dat Ööl

prieskoniai

de Krüder

kečupas

de Ketchup

garstyčios

de Mostrich

majonezas

de Mayonnaise

prekybos centras
de Supermarkt

specialus pasiūlymas
dat Anbott
FOR
pirkėjas
de Kunn
pieno produktai
de Melkprodukten
vaisiai
dat Aaft
troleibusas
de Inkoopswagen

BUTCHERS

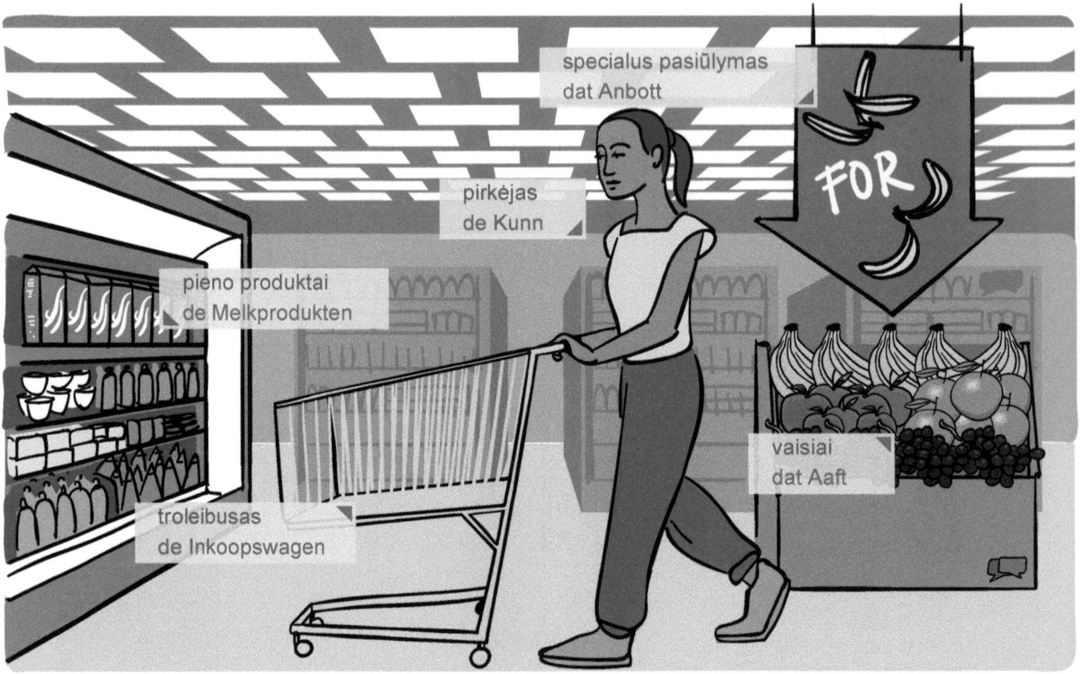

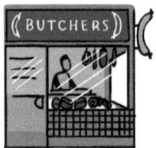

mėsos parduotuvė

de Slachterie

BAKERY

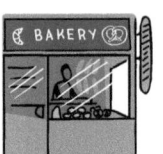

kepykla

de Bäckerie

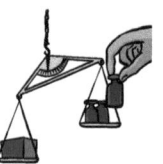

sverti

wegen

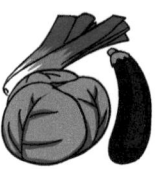

daržovės

de Gröönsaken

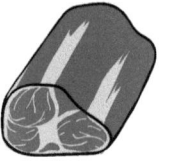

mėsa

dat Fleesch

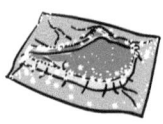

šaldytas maistas

de Deepköhlkost

šalti mėsos užkandžiai

de Opsnitt

konservai

de Konserven

skalbimo milteliai

de Waschmiddel

saldumynai

de Snoopkraam

ūkinės prekės

de Huushooltssaken

valymo priemonės

de Reinmaaktüüch

pardavėja

de Verköpersche

kasos aparatas

de Kass

kasininkas

de Kasserer

pirkinių sąrašas

de Inkoopslist

darbo valandos

de Opsparrtieden

piniginė

de Breeftasch

kreditinė kortelė

de Kreditkoort

maišelis

de Tasch

plastikinis maišelis

de Plastiktüüt

vanduo

dat Water

sultys

de Saft

pienas

de Melk

kola

de Cola

vynas

de Wien

alus

dat Beer

alkoholis

de Spriet

kakava

de Kakao

arbata

de Tee

kava

de Koffie

espresas

de Espresso

kapučinas

de Cappucino

bananas

de Banaan

obuolys

de Appel

apelsinas

de Appelsien

arbūzas

de Meloon

citrina

de Zitroon

morka

de Wöttel

česnakas

de Knuuvlook

bambukas

de Bambus

svogūnas

de Zibbel

grybas

de Poggenstohl

riešutai

de Nööt

makaronai

de Nudeln

spagečiai

de Spaghetti

ryžiai

de Ries

salotos

de Salat

traškučiai

de Pommes frites

keptos bulvės

de Braadkantüffeln

pica

de Pizza

mėsainis

de Hamborger

sumuštinis

dat Sandwich

pjausnys

dat Snitzel

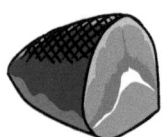

kumpis

de Schinken

saliamis

de Salami

dešrelė

de Wust

vištiena

dat Hohn

kepsnys

de Braden

žuvis

de Fisch

avižų dribsniai

de Haverflocken

dribsniai su priedais

dat Müsli

kukurūzų dribsniai

de Cornflakes

miltai

dat Mehl

prancūziškasis ragelis

de Croissant

bandelė

dat Rundstück

duona

dat Broot

skrebutis

dat Toast

sausainiai

de Keksen

sviestas

de Botter

varškė

de Quark

tortas

de Koken

kiaušinis

dat Ei

kiaušinienė

dat Spegelei

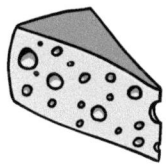

sūris

de Kees

ledai

de Ies

cukrus

de Zucker

medus

de Honnig

uogienė

de Marmelaad

tepamas šokoladas

de Nougat-Creme

karis

dat Curry

ūkininko ūkis
de Buernhoff

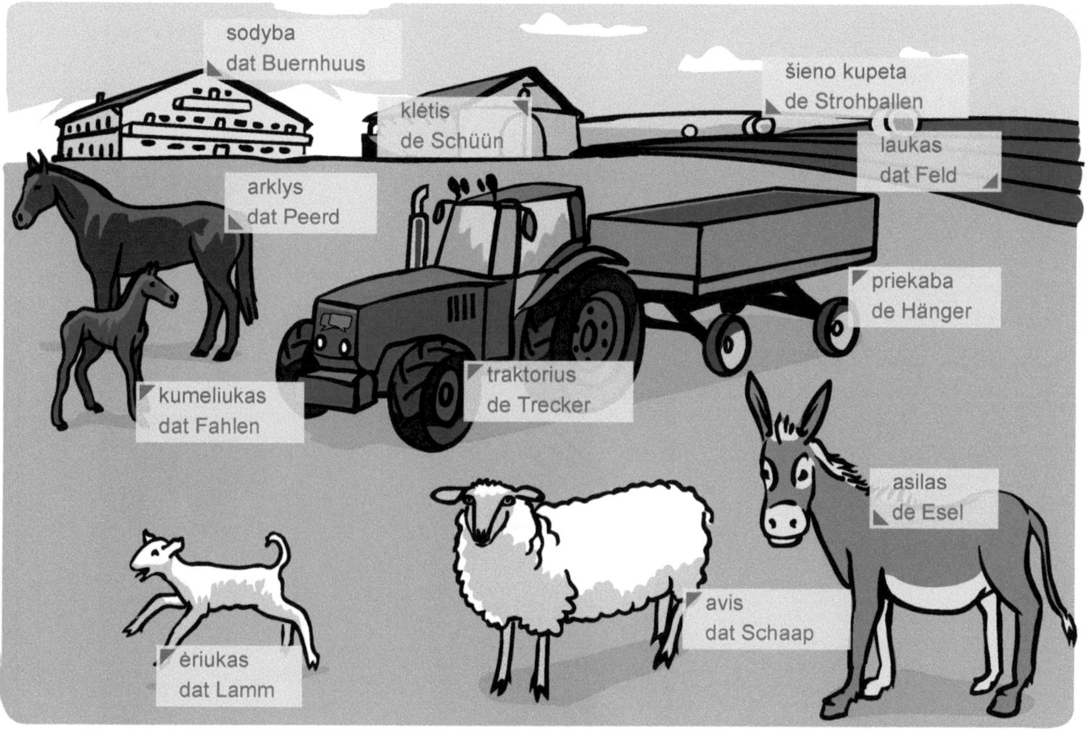
sodyba
dat Buernhuus
šieno kupeta
de Strohballen
klėtis
de Schüün
laukas
dat Feld
arklys
dat Peerd
priekaba
de Hänger
traktorius
de Trecker
kumeliukas
dat Fahlen
asilas
de Esel
avis
dat Schaap
ėriukas
dat Lamm

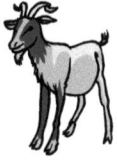

ožys
de Zeeg

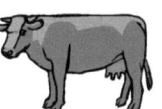

karvė
de Koh

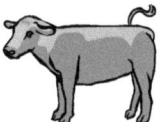

veršis
dat Kalf

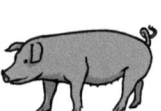

kiaulė
dat Swien

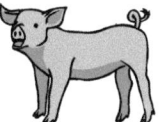

paršelis
dat Farken

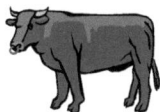

bulius
de Bull

žąsis

de Goos

antis

de Aant

viščiukas

dat Küken

višta

dat Hohn

gaidys

de Hahn

žiurkė

de Rott

katė

de Katt

pelė

de Muus

jautis

de Oss

šuo

de Hund

šuns būda

de Hunnenhütt

sodo namas

de Goornslauch

laistytuvas

de Geetkann

dalgis

de Lee

plūgas

de Ploog

pjautuvas

de Sich

kauptukas

de Hack

šakės

de Mestfork

kirvis

de Ext

statinė

de Schuufkoor

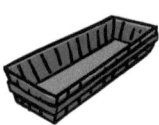

lovys

de Trog

bidonas

de Melkkann

maišas

de Sack

tvora

de Tuun

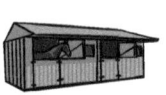

arklidė

de Stall

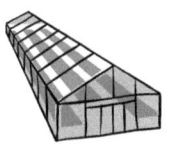

šiltnamis

dat Drievhuus

dirva

de Bodden

sėkla

de Saat

trąšos

de Dünger

kombainas

de Meihdöscher

rinkti
oornen

derlius
de Oorn

saldžiosios bulvės
de Yamswöttel

kviečiai
de Weten

soja
dat Soja

bulvė
de Kantüffel

kukurūzai
de Törksche Weten

rapsai
de Rapp

vaismedis
de Aaftboom

manijokas
de Troopsch Kantüffel

grūdai
dat Koorn

namas
dat Huus

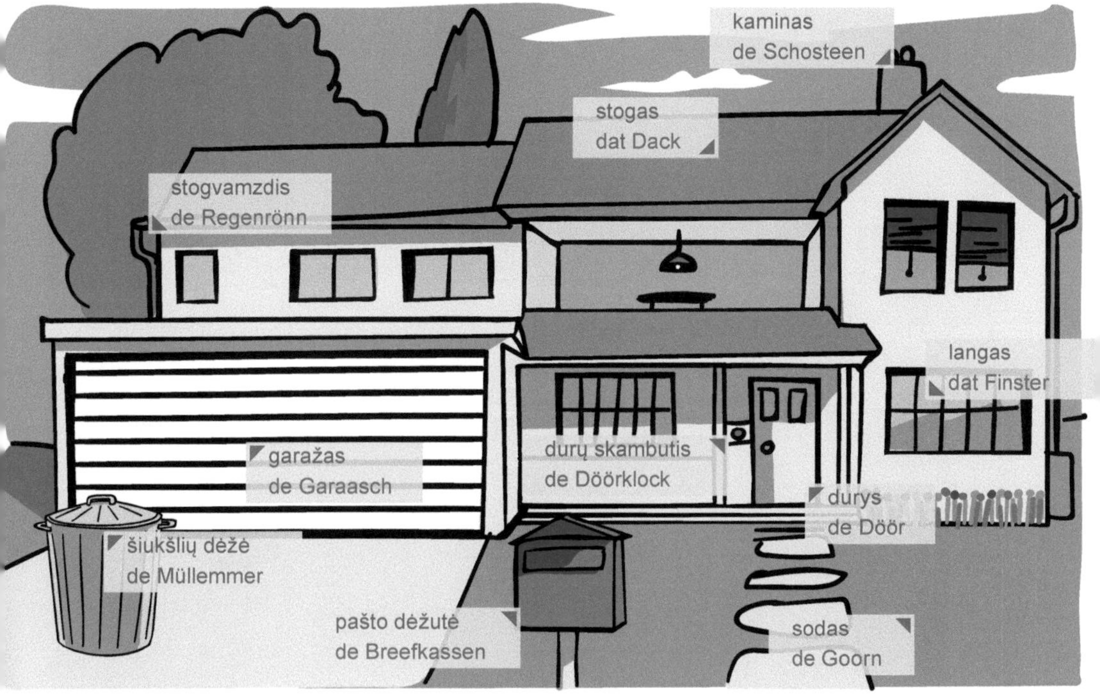
kaminas
de Schosteen
stogas
dat Dack
stogvamzdis
de Regenrönn
langas
dat Finster
garažas
de Garaasch
durų skambutis
de Döörklock
durys
de Döör
šiukšlių dėžė
de Müllemmer
pašto dėžutė
de Breefkassen
sodas
de Goorn

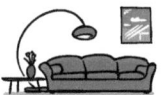

svetainė

de Wahnstuuv

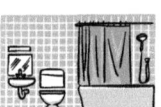

vonios kambarys

de Baadstuuv

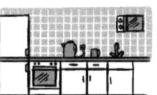

virtuvė

de Kööк

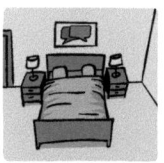

miegamasis

de Slaapstuuv

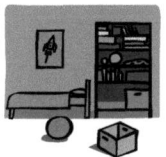

vaiko kambarys

de Kinnerstuuv

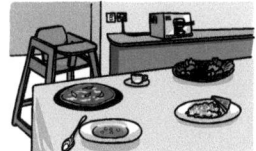

valgomasis

de Eetstuuv

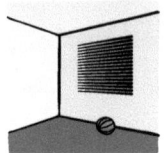

grindys

de Footbodden

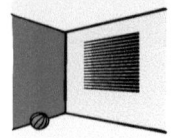

siena

de Wand

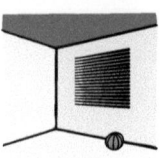

lubos

de Deek

rūsys

de Keller

sauna

dat Hittluftbad

balkonas

de Balkon

terasa

de Terrass

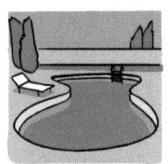

baseinas

dat Swümmbad

žoliapjovė

de Rasenmeiher

paklodė

de Bettbetog

lovatiesė

de Bettdeek

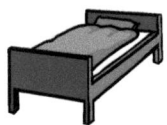

lova

de Puuch

šluota

de Bessen

kibiras

de Emmer

jungiklis

de Schalter

svetainė
de Wahnstuuv

tapetai
de Tapeet
nuotrauka
dat Bild
šviestuvas
de Lamp
lentyna
dat Regal
spintelė
dat Schapp
televizorius
de Kiekkassen
židinys
de Kamin
gėlė
de Bloom
pagalvėlė
dat Küssen
sofa
dat Sofa
vaza
de Vaas
nuotolinio valdymo pultelis
de Feernbedenen

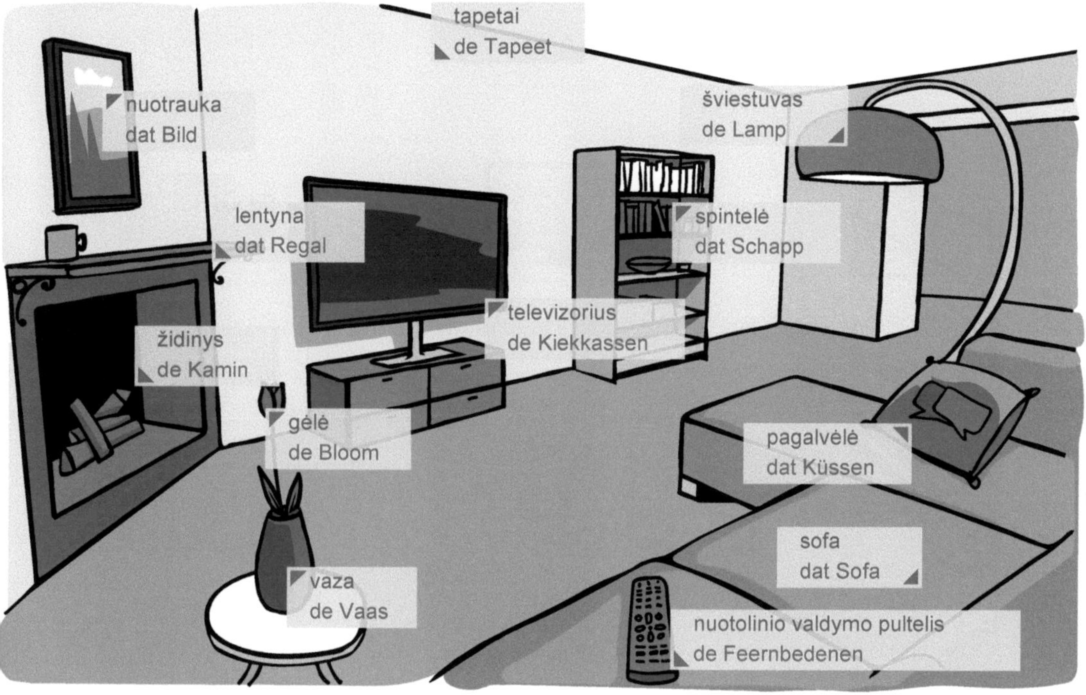

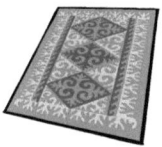

kilimas
de Teppich

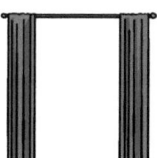

užuolaida
de Vörhang

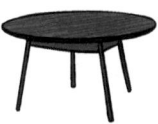

stalas
de Disch

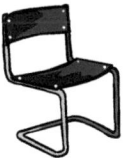

kėdė
de Stohl

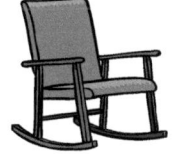

supamasis krėslas
de Schuckelstohl

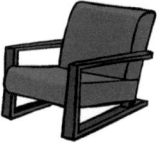

fotelis
de Sessel

knyga

dat Book

antklodė

de Deek

papuošimai

de Dekoratschoon

malkos

dat Füerholt

filmas

de Film

stereo aparatūra

de Stereoanlaag

raktas

de Slötel

laikraštis

dat Narichtenblatt

paveikslas

dat Gemälde

plakatas

dat Poster

radijas

dat Radio

užrašų knygelė

de Opschrievblock

dulkių siurblys

de Huulbessen

kaktusas

de Kaktus

žvakė

de Kars

virtuvė
de Köök

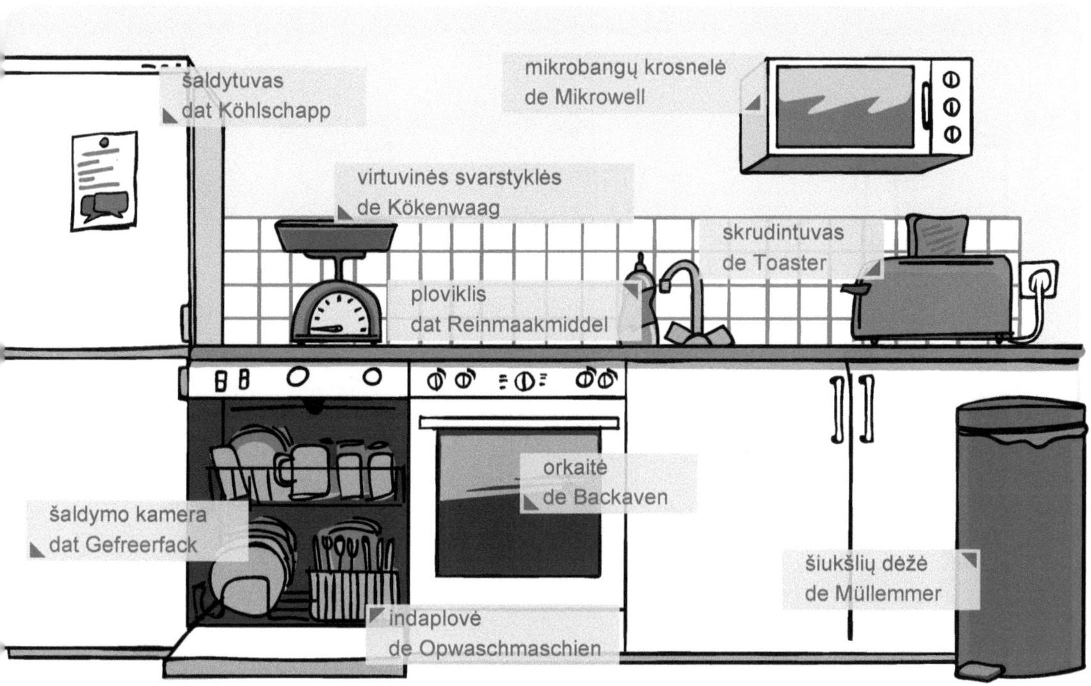

šaldytuvas
dat Köhlschapp
mikrobangų krosnelė
de Mikrowell
virtuvinės svarstyklės
de Kökenwaag
skrudintuvas
de Toaster
ploviklis
dat Reinmaakmiddel
orkaitė
de Backaven
šaldymo kamera
dat Gefreerfack
šiukšlių dėžė
de Müllemmer
indaplovė
de Opwaschmaschien

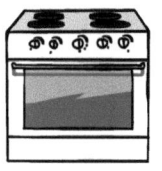

viryklė

de Heerd

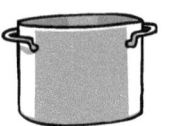

puodas

de Pott

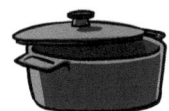

ketaus puodas

de Gussiesern Putt

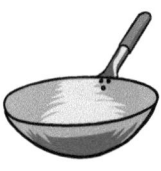

„wok“ keptuvė

de Wok / Kadai

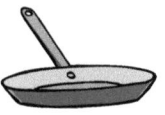

keptuvė

de Pann

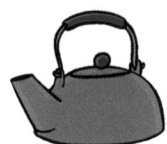

virdulys

de Waterkaker

garų puodas

de Dampkaakputt

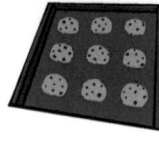

kepimo skarda

dat Backblick

porceliano indai

dat Geschirr

puodelis

de Beker

dubuo

de Schaal

valgomosios lazdelės

de Eetsticken

samtis

de Suppenkell

mentelė

de Pannenwenner

plaktuvas

de Sneebessen

koštuvas

dat Kaakseef

sietas

dat Seef

trintuvė

de Riev

grūstuvė

de Mörser

kepsninė

de Grill

atvira liepsna

de Füerstell

pjaustymo lentelė

dat Sniedbrett

kočėlas

dat Nudelholt

kamščiatraukis

de Proppentrecker

skardinė

de Doos

skardinių atidarytuvas

de Dosenaapner

puodkėlė

de Pottlappen

kriauklė

dat Waschbecken

šepetys

de Böst

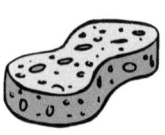

kempinė

de Swamm

trintuvas

de Mixer

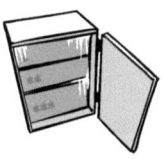

šaldiklis

dat Iesschapp

kūdikių buteliukas

de Nuckelbuddel

čiaupas

de Waterhahn

vonios kambarys

de Baadstuuv

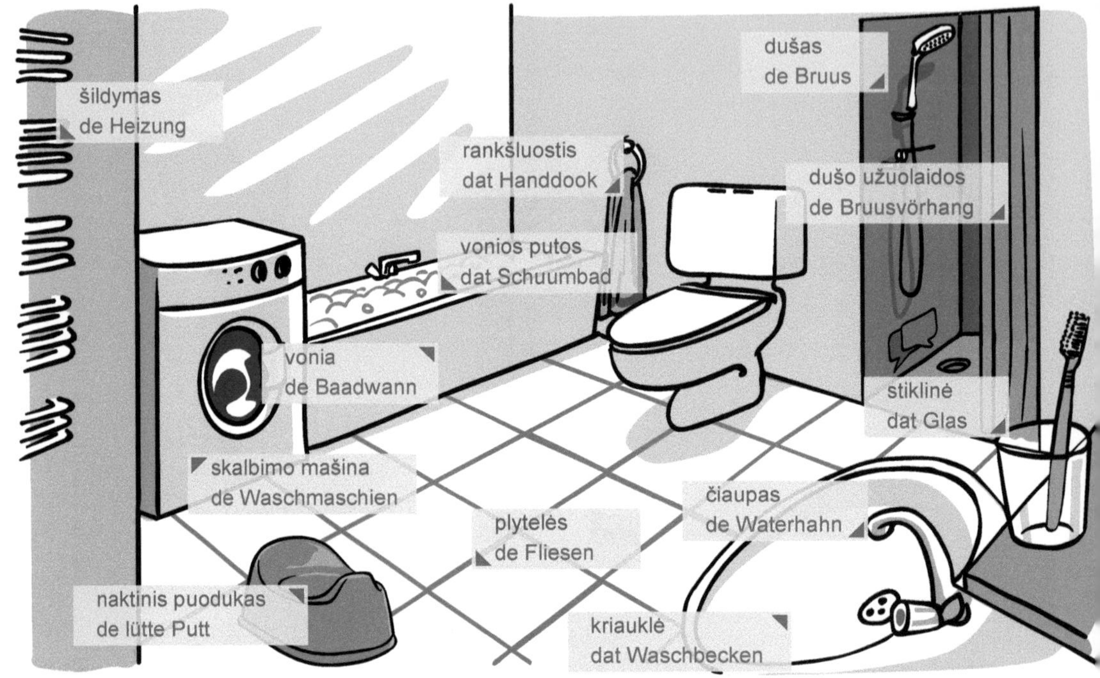

šildymas
de Heizung
dušas
de Bruus
rankšluostis
dat Handdook
dušo užuolaidos
de Bruusvörhang
vonios putos
dat Schuumbad
vonia
de Baadwann
stiklinė
dat Glas
skalbimo mašina
de Waschmaschien
čiaupas
de Waterhahn
plytelės
de Fliesen
naktinis puodukas
de lütte Putt
kriauklė
dat Waschbecken

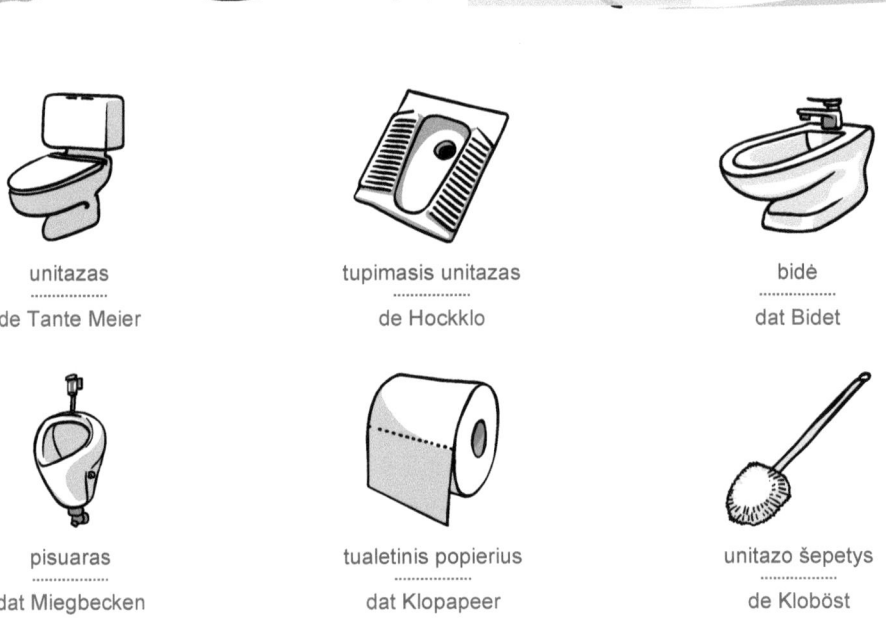

unitazas

de Tante Meier

tupimasis unitazas

de Hockklo

bidė

dat Bidet

pisuaras

dat Miegbecken

tualetinis popierius

dat Klopapeer

unitazo šepetys

de Kloböst

dantų šepetėlis

de Tähnböst

dantų pasta

de Tähnpast

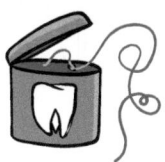

dantų siūlas

de Tähnsied

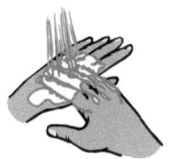

plauti

waschen

dušo galvutė

de Handbruus

higieninis dušas

de Intimbruus

praustuvas

de Waschschöttel

nugaros plaušinė

de Rüchböst

muilas

de Seep

dušo želė

dat Bruusgeel

šampūnas

dat Hoorwaschmiddel

plaušinė

de Waschlappen

kanalizacija

de Afloop

kremas

de Creme

dezodorantas

dat Deodorant

veidrodis

de Spegel

veidrodėlis

de Kosmetikspegel

skustuvas

de Raserer

skutimosi putos

de Raseerschuum

losjonas po skutimosi

dat Raseerwater

šukos

de Kamm

šepetys

de Böst

plaukų džiovintuvas

de Hoordröger

plaukų lakas

dat Hoorspray

makiažas

de Smink

lūpdažis

de Lippensticken

nagų lakas

de Nagellack

vata

de Watt

žirklutės nagams

de Nagelscheer

kvepalai

dat Rüükwater

maišelis skalbiniams

de Kulturbüdel

taburetė

de Schemel

svarstyklės

de Waag

chalatas

de Baadmantel

guminės pirštinės

de Gummihanschen

tamponas

de Tampon

higieninis įklotas

de Damenbinn

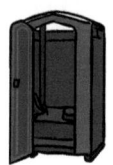

biotualetas

dat Chemieklo

vaiko kambarys

de Kinnerstuuv

žadintuvas
de Wecker
pliušinis žaislas
dat Knudeldeert
žaislinė mašinėlė
dat Speeltüüchauto
barškutis
de Klöter
lėlės namelis
dat Poppenhuus
dovana
dat Geschenk

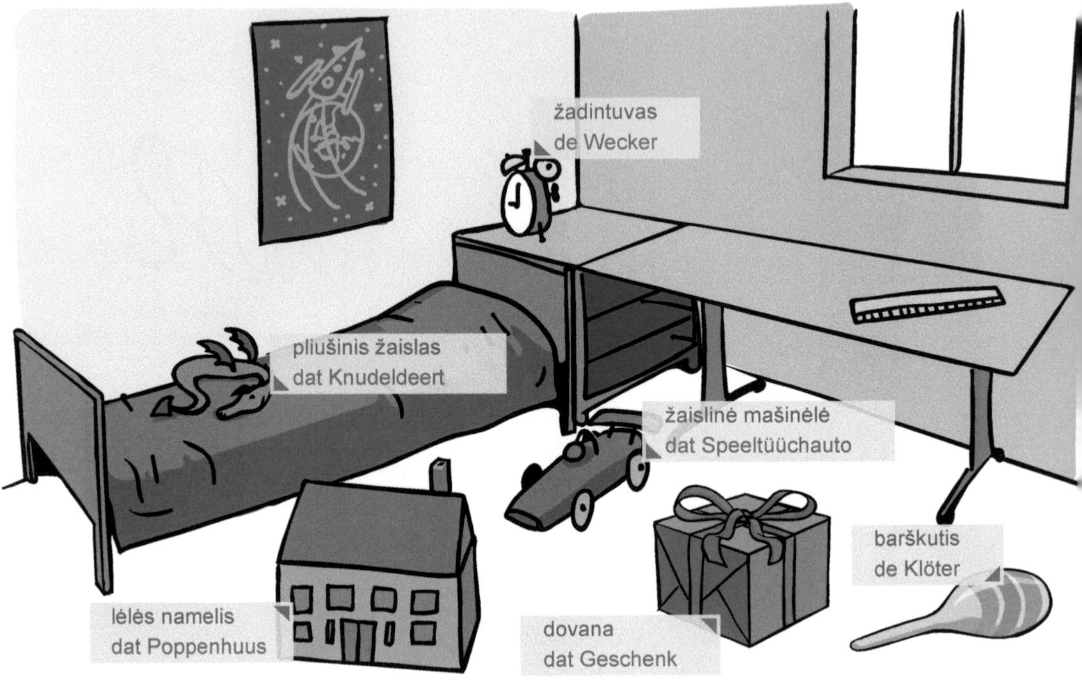

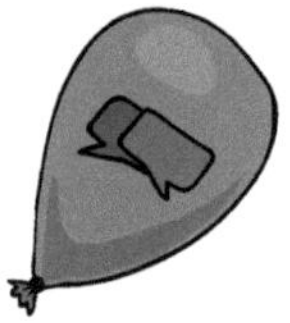

balionas

de Luftballon

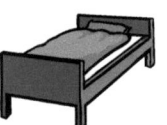

lova

de Puuch

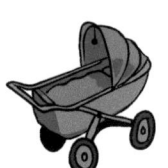

vaikiškas vežimėlis

de Kinnerwagen

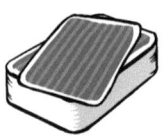

kortų malka

dat Koortenspeel

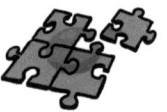

delionė

dat Puzzle

SUPER
MEGA

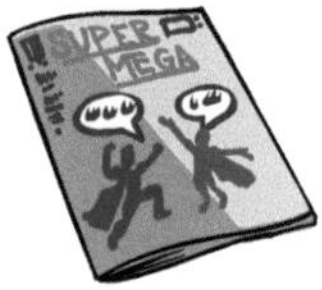

komiksai

de Billergeschicht

lego kaladėlės

de Legostenen

žaislinės kaladėlės

de Bustenen

figūrėlė

de Action-Figur

šliaužtinukai

de Strampelantog

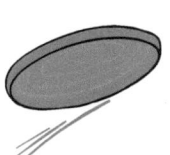

mėtymo lėkštė

de Frisbeeschiev

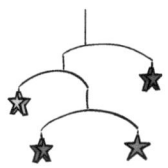

karuselė

dat Mobile

stalo žaidimas

dat Brettspeel

kauliukai

de Wörpel

žaislinis traukinys

de Modelliesenbahn

žindukas

de Snuller

vakarėlis

de Party

paveiksliukų knygelė

dat Billerbook

kamuolys

de Ball

lėlė

de Popp

žaisti

spelen

smėlio dėžė

de Sandkassen

sūpynės

de Schuckel

žaislai

dat Speeltüüch

žaidimų konsolė

de Speelkonsool

triratukas

dat Dreerad

meškiukas

de Teddyboor

drabužių spinta

dat Klederschapp

drabužis
dat Tüüch

kojinės

de Socken

kojinės virš kelių

de Strümp

pėdkelnės

de Strumpbüx

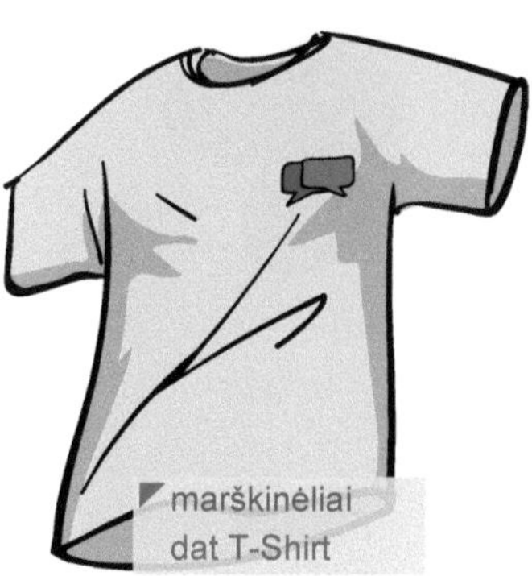

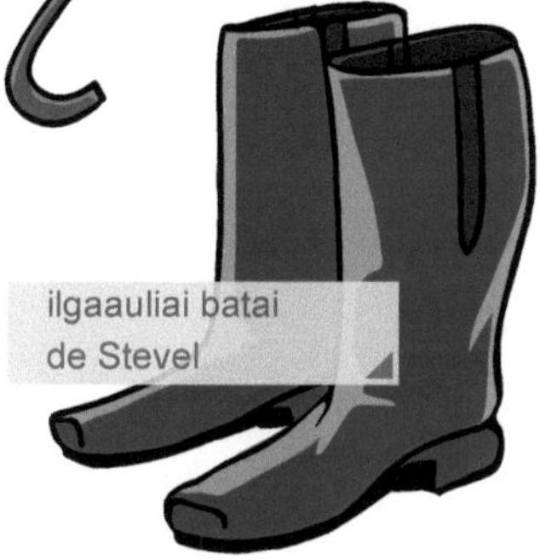

šalikas
dat Halsdook

diržas
de Liefreem

skėtis
de Paraplü

marškinėliai
dat T-Shirt

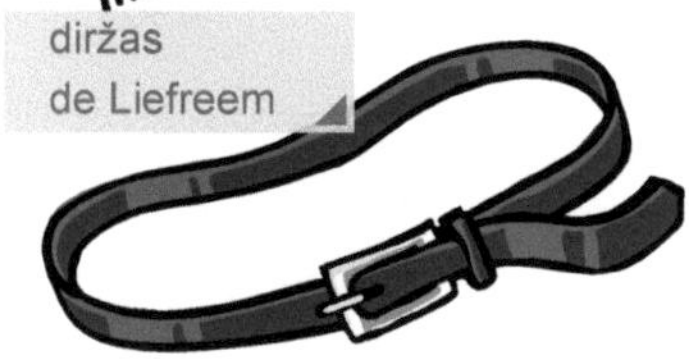

sportbačiai
de Turnschoh

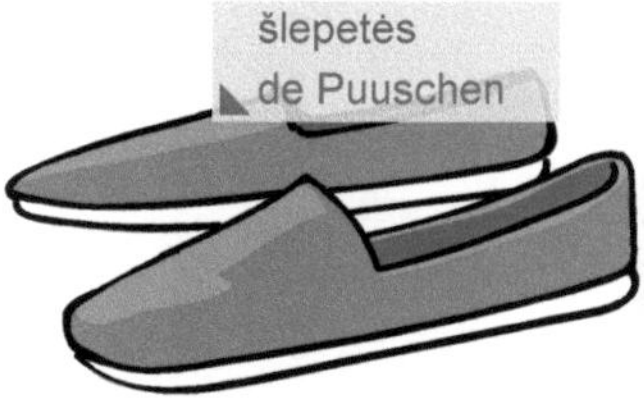

ilgaauliai batai
de Stevel

šlepetės
de Puuschen

sandalai

de Sandalen

batai

de Schoh

guminiai batai

de Gummistevel

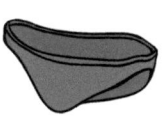

trumpikės

de Ünnerbüx

liemenėlė

de Bostholler

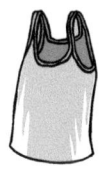

liemenė

dat Ünnerhemd

glaustinukė

de Lief

kelnės

de Büx

džinsai

de Jeansnüx

sijonas

de Rock

palaidinė

de Bluus

marškiniai

dat Hemd

megztinis

de Pullover

megztinis su gobtuvu

de Kapuzenpullover

švarkelis

de Blazer

švarkas

de Jack

paltas

de Mantel

lietpaltis

de Övertrecker

kostiumas

dat Kostüm

suknelė

dat Kleed

vestuvinė suknelė

dat Hochtietskleed

kostiumas

de Antog

naktiniai marškiniai

dat Nachtkleed

pižama

de Slaapantog

saris

de Sari

skarelė

dat Koppdook

tiurbanas

de Turban

burka

de Burka

kaftanas

de Kaftan

abaja

de Abaya

maudymosi kostiumėlis

de Baadantog

glaudės

de Baadbüx

šortai

de Korte Büx

sportinis kostiumas

de Antog to'n Öven

prijuostė

de Schört

pirštinės

de Handschoh

saga

de Knopp

akiniai

de Brill

apyrankė

dat Armband

vėrinys

de Halskeed

žiedas

de Ring

auskaras

de Ohrbummel

kepurė

de Mütz

pakabas

de Klederbögel

skrybėlė

de Hoot

kaklaraištis

de Binner

užtrauktukas

de Rietslüter

šalmas

de Helm

breketai

dat Drachtband

mokyklinė uniforma

de Schooluniform

uniforma

de Uniform

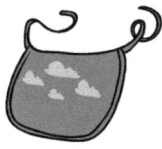

seilinukas

de Severböten

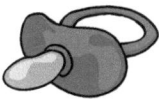

žindukas

de Snuller

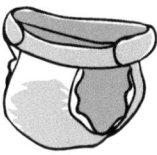

vystyklai

de Winnel

biuras
dat Büro

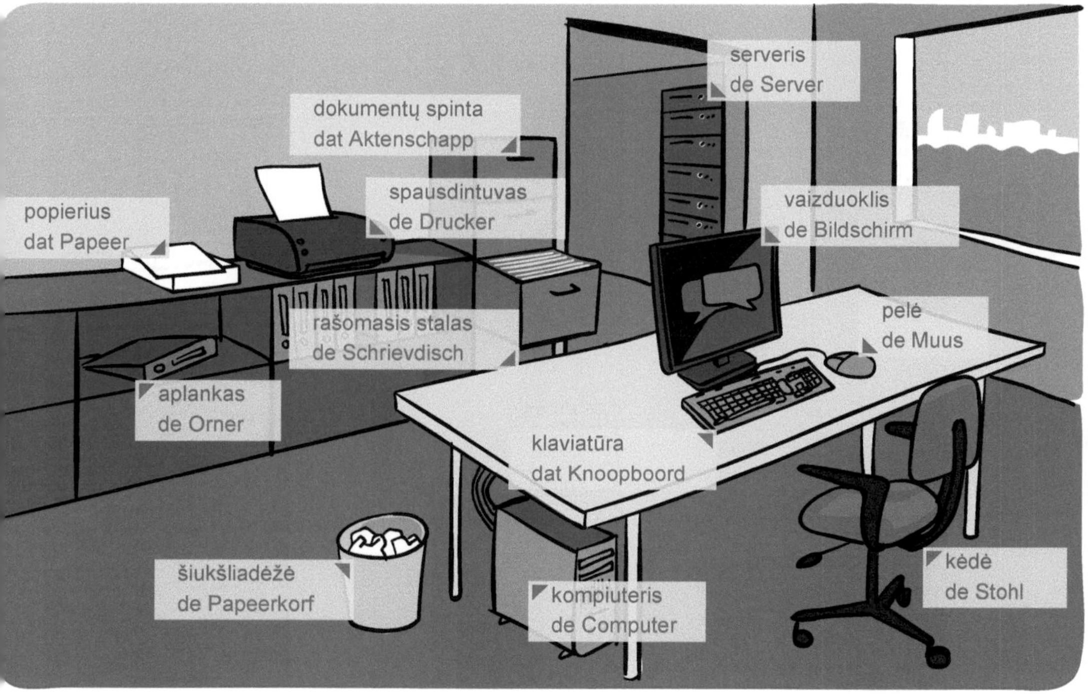

serveris
de Server
dokumentų spinta
dat Aktenschapp
spausdintuvas
de Drucker
popierius
dat Papeer
vaizduoklis
de Bildschirm
pelė
de Muus
rašomasis stalas
de Schrievdisch
aplankas
de Orner
klaviatūra
dat Knoopboord
šiukšliadėžė
de Papeerkorf
kėdė
de Stohl
kompiuteris
de Computer

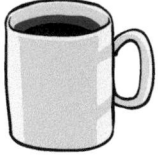

kavos puodelis

de Koffiebeker

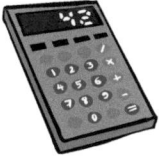

kalkuliatorius

de Taschenreekner

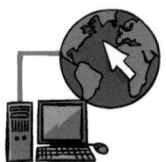

internetas

dat Internet

nešiojamasis kompiuteris

de Klappreekner

laiškas

de Breef

žinutė

de Naricht

mobilusis telefonas

de Ackersnacker

tinklas

dat Nettwark

fotokopijavimo aparatas

de Kopeerapparat

programinė įranga

de Software

telefonas

de Klöönkassen

kištukinis lizdas

de Steekdoos

faksas

de Faxapparat

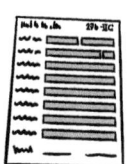

forma

dat Formulor

dokumentas

dat Dokument

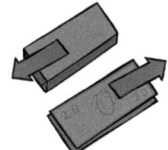

pirkti

köpen

mokėti

betahlen

prekiauti

hanneln

pinigai

dat Geld

doleris

de Dollar

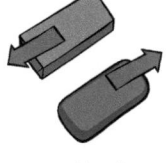

euras

de Euro

jena

de Yen

rublis

de Ruvel

Šveicarijos frankas

de Swiezer Franken

juanis

de Renminbi Yuan

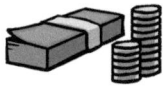

rupija

de Rupie

bankomatas

de Geldautomat

valiutos keitykla

de Wesselstuuv

auksas

dat Gold

sidabras

dat Sülver

nafta

dat Ööl

energija

de Energie

kaina

de Pries

sutartis

de Verdrag

mokestis

de Stüer

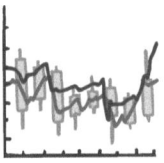

akcijos

de Andeelschien

dirbti

arbeiden

darbuotojas

de Anstellte

darbdavys

de Arbeitgever

gamykla

de Fabrik

parduotuvė

de Hökerie

profesijos
de Profeschonen

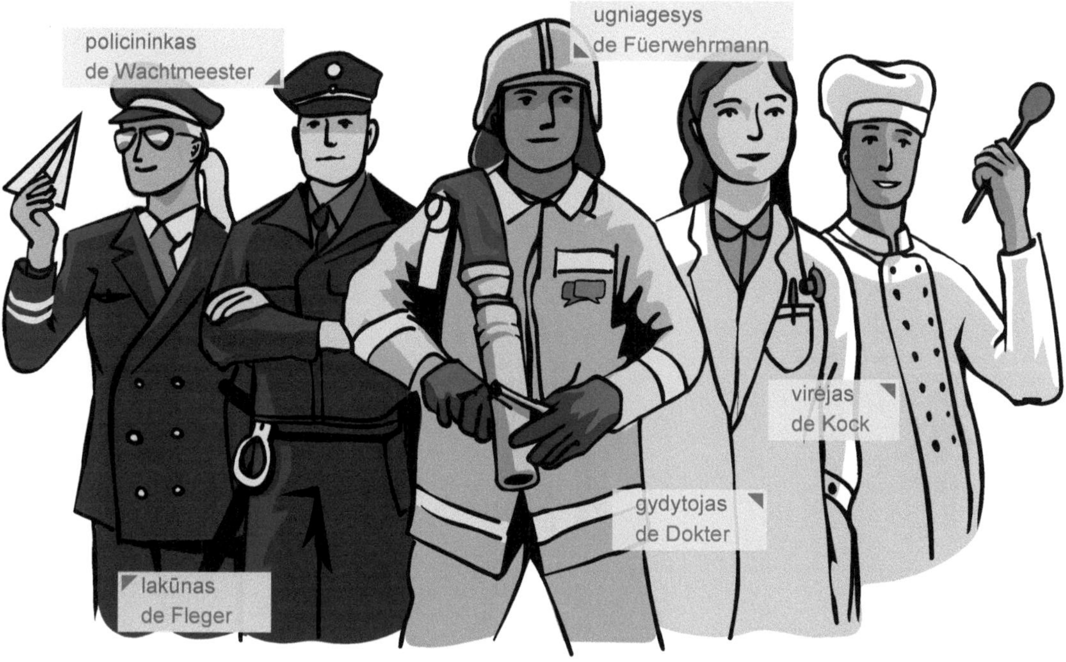
policininkas
de Wachtmeester
ugniagesys
de Füerwehrmann
virėjas
de Kock
gydytojas
de Dokter
lakūnas
de Fleger

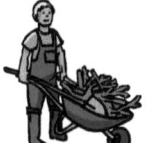

sodininkas

de Goorner

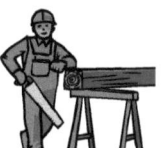

stalius

de Discher

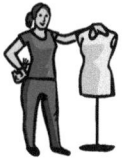

siuvėja

de Neihersche

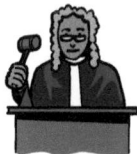

teisėjas

de Richter

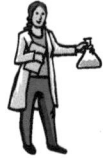

chemikas

de Chemiker

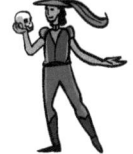

aktorius

de Schauspeler

autobuso vairuotojas

de Busfohrer

taksi vairuotojas

de Taxifohrer

žvejys

de Fischer

valytoja

de Reinmaakfru

stogdengys

de Dackdecker

padavėjas

de Kellner

medžiotojas

de Jäger

dailininkas

de Maler

kepėjas

de Bäcker

elektrikas

de Elektriker

statybininkas

de Buarbeider

inžinierius

de Ingenieur

mėsininkas

de Slachter

santechnikas

de Klempner

paštininkas

de Postbüdel

profesijos - de Profeschonen

kareivis
de Suldat

architektas
de Architekt

kasininkas
de Kasserer

gėlininkas
de Florist

kirpėjas
de Putzbüdel

konduktorius
de Schaffner

mechanikas
de Mechaniker

kapitonas
de Kaptein

odontologas
de Tähndokter

mokslininkas
de Wetenschopler

rabinas
de Rabbi

imamas
de Imam

vienuolis
de Mönk

kunigas
de Paap

profesijos - de Profeschonen

įrankiai
dat Warktüüch

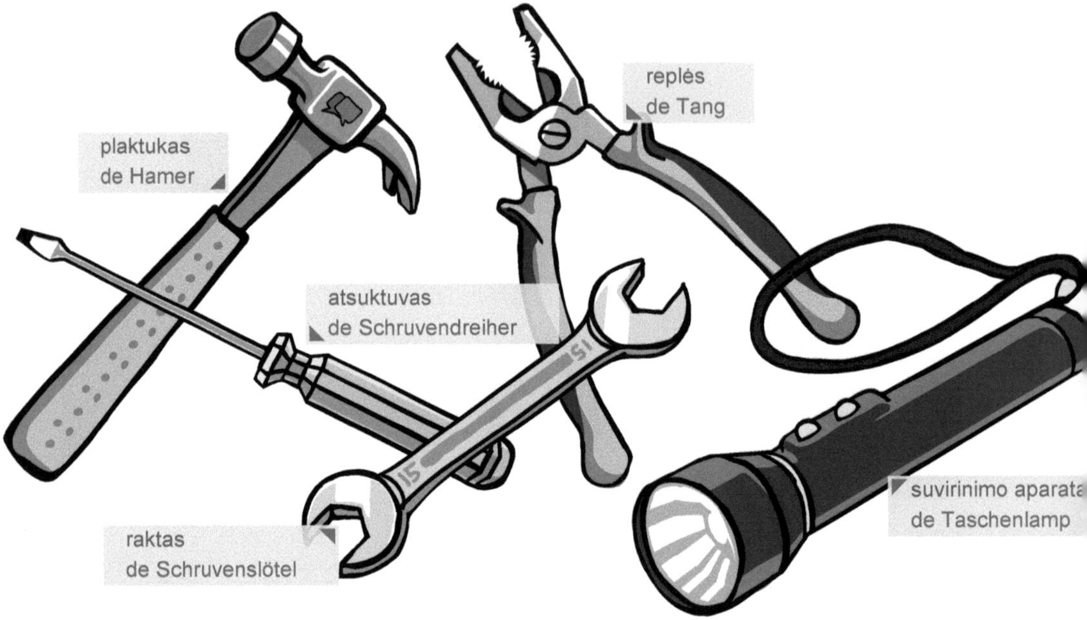
replės
de Tang
plaktukas
de Hamer
atsuktuvas
de Schruvendreiher
suvirinimo aparata
de Taschenlamp
raktas
de Schruvenslötel

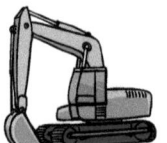

ekskavatorius

de Grieper

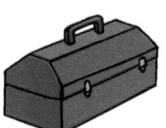

įrankių dėžė

de Warktüüchkassen

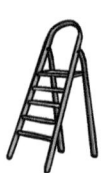

kopėčios

de Ledder

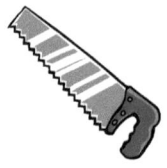

pjūklas

de Saag

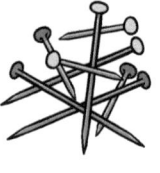

vinys

de Nagels

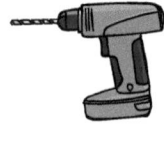

grąžtas

de Bohrer

taisyti

heelmaken

kastuvas

de Schüffel

Velniava!

Schiet!

semtuvėlis

dat Kehrblick

dažų skardinė

de Farvpott

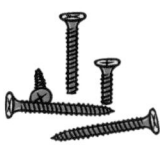

varžtai

de Schruven

muzikos instrumentai
de Musikinstrumenten

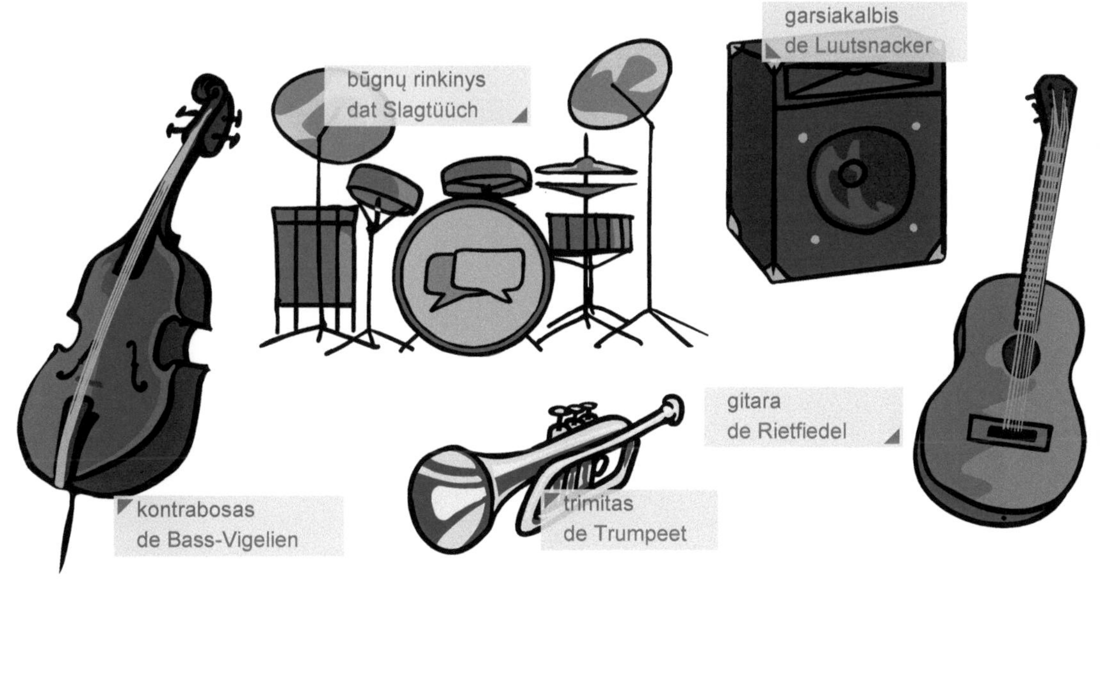

garsiakalbis
de Luutsnacker

būgnų rinkinys
dat Slagtüüch

gitara
de Rietfiedel

kontrabosas
de Bass-Vigelien

trimitas
de Trumpeet

pianinas

dat Klaveer

smuikas

de Vigelien

bosinė gitara

de Bass

timpanas

de Pauk

būgnai

de Trummeln

sintezatorius

dat Keyboard

saksofonas

dat Saxophon

fleita

de Fleut

mikrofonas

dat Mikrofoon

zoologijos sodas
de Deertenpark

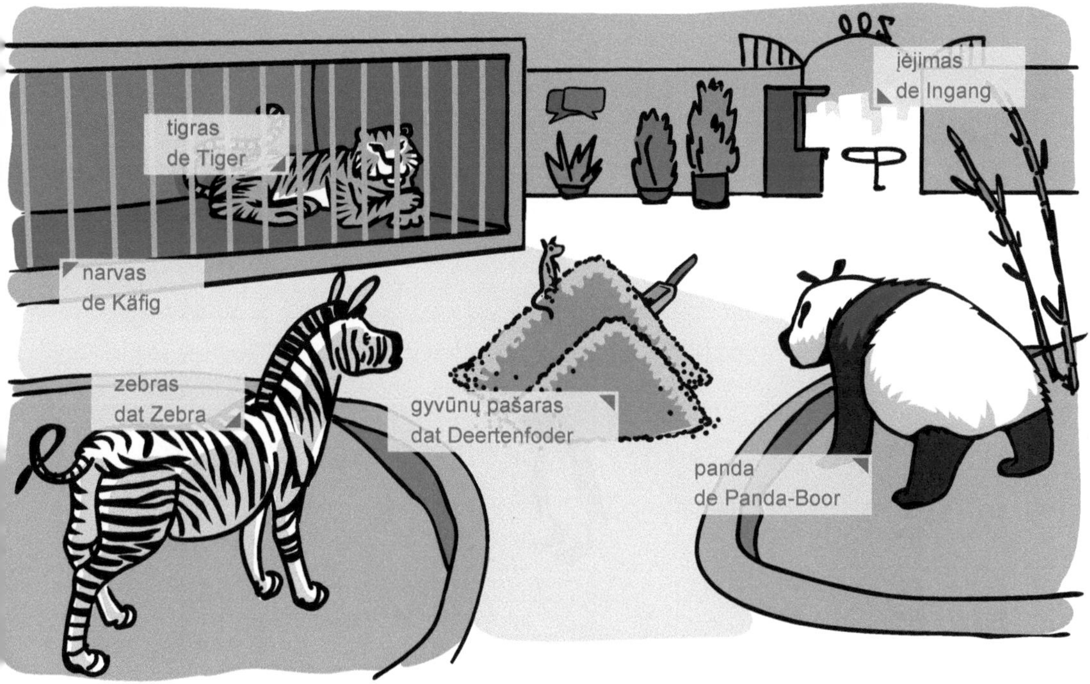

tigras
de Tiger
įėjimas
de Ingang
narvas
de Käfig
zebras
dat Zebra
gyvūnų pašaras
dat Deertenfoder
panda
de Panda-Boor

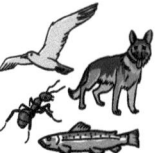

gyvūnai
de Deerten

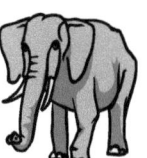

dramblys
de Elefant

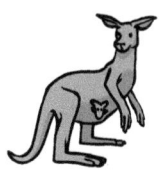

kengūra
dat Känguru

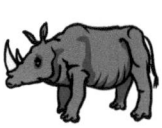

raganosis
dat Neeshoorn

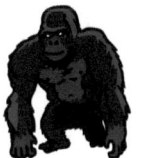

gorila
de Gorilla

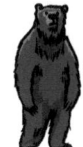

meška
de Boor

kupranugaris

dat Kameel

strutis

de Struuß

liūtas

de Lööv

beždžionė

de Aap

flamingas

de Flamingo

papūga

de Papagoi

baltoji meška

de Iesboor

pingvinas

de Pinguin

ryklys

de Haifisch

povas

de Pageluun

gyvatė

de Slang

krokodilas

dat Krokodil

zoologijos sodo prižiūrėtojas

de Oppasser in'n
Deertenpark

ruonis

de Saalhund

jaguaras

de Jaguor

ponis

dat Pony

leopardas

de Leopard

begemotas

dat Nilpeerd

žirafa

de Giraff

erelis

de Aadler

šernas

dat Wildswien

žuvis

de Fisch

vėžlys

de Schildkrööt

vėplys

dat Walross

lapė

de Voss

gazelė

de Gazell

amerikietiškas futbolas
de Amerikaansch Football

dviračių sportas
dat Radfohren

tenisas
dat Tennis

krepšinis
de Korfball

plaukimas
dat Swümmen

boksas
dat Boxen

ledo ritulys
dat Ieshockey

futbolas
de Football

badmintonas
dat Fedderball

atletika
de Leichtathletik

rankinis
de Handball

slidinėjimas
dat Skilopen

polas
dat Polo

šokinėti
springen

juoktis
lachen

apkabinti
ümarmen

vaikščioti
gahn

dainuoti
singen

svajoti
drömen

melstis
beden

bučiuoti
snuteln

rašyti	piešti	rodyti
schrieven	teken	wiesen

stumti	duoti	imti
drücken	geven	nehmen

turėti

hebben

daryti

doon

būti

sien

stovėti

stahn

bėgti

lopen

traukti

trecken

mesti

smieten

kristi

fallen

meluoti

liggen

laukti

töven

nešti

dregen

sėdėti

sitten

rengtis

antrecken

miegoti

slapen

pabusti

opwaken

žiūrėti
ankieken

verkti
wenen

glostyti
eien

šukuoti
kämmen

kalbėti
snacken

suprasti
verstahn

paklausti
fragen

klausytis
hören

gerti
drinken

valgyti
eten

tvarkytis
oprümen

mylėti
leefhebben

gaminti
kaken

vairuoti
fohren

skristi
flegen

buriuoti
....
segeln

skaičiuoti
....
reken

skaityti
....
lesen

mokytis
....
lehren

dirbti
....
arbeiden

vesti
....
de Plünnen tohoopsmieten

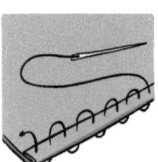

siūti
....
neihen

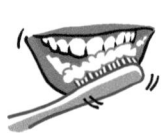

valytis dantis
....
Tähnen putzen

žudyti
....
dootmaken

rūkyti
....
smöken

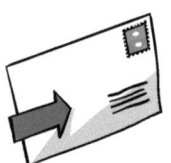

siųsti
....
schicken

šeima

de Familje

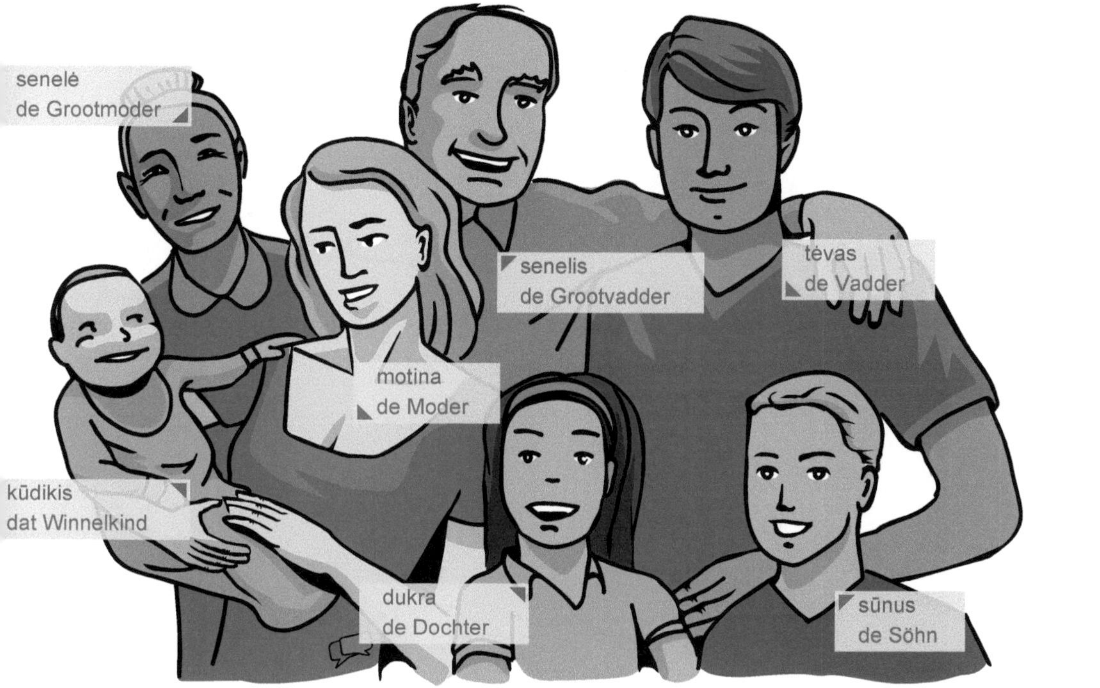
senelė
de Grootmoder
senelis
de Grootvadder
tėvas
de Vadder
motina
de Moder
kūdikis
dat Winnelkind
dukra
de Dochter
sūnus
de Söhn

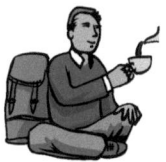

svečias

de Gast

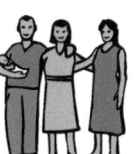

teta

de Tant

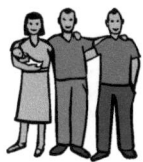

dėdė

de Unkel

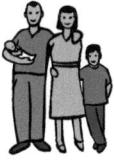

brolis

de Broder

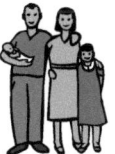

sesuo

de Süster

kūnas
de Lief

kakta
de Vörkopp
akis
dat Oog
petys
de Schuller
pirštas
de Finger
veidas
dat Gesicht
smakras
dat Kinn
plaštaka
de Hand
koja
dat Been
krūtinė
de Bost
ranka
de Arm

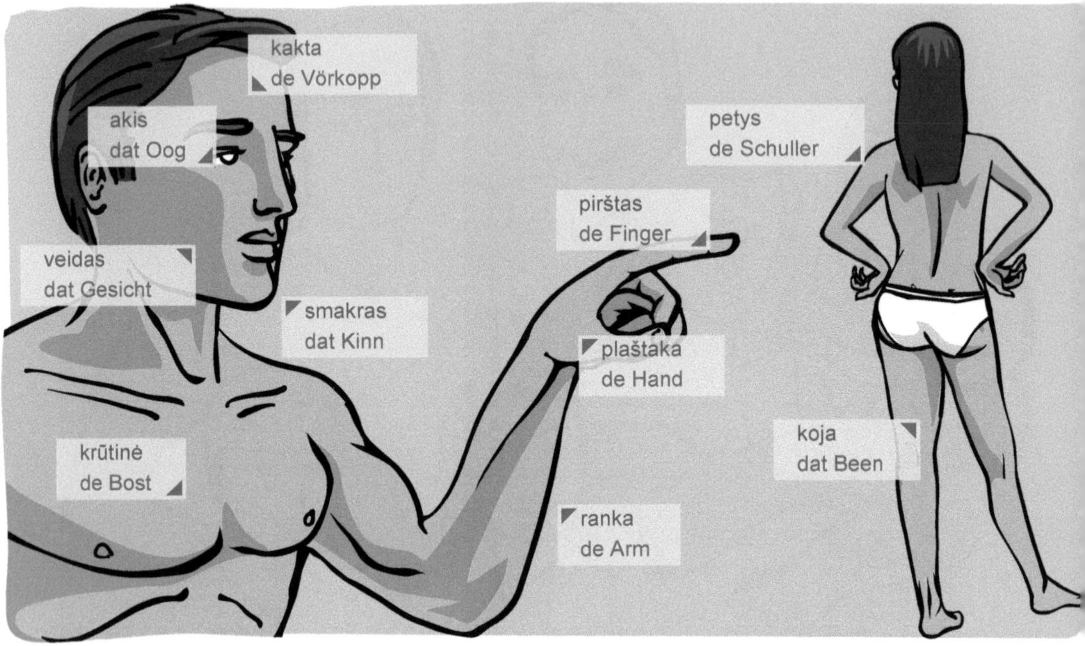

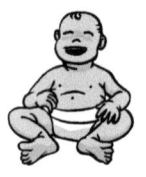

kūdikis

dat Winnelkind

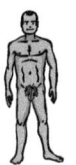

vyras

de Mann

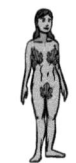

moteris

de Fro

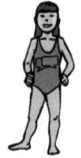

mergaitė

de Deern

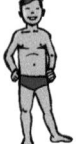

berniukas

de Jung

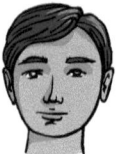

galva

de Arm

nugara

de Rüch

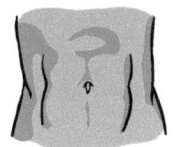

pilvas

de Buuk

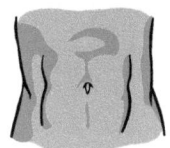

bamba

de Navel

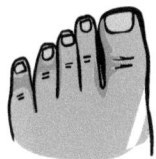

kojos pirštas

de Teh

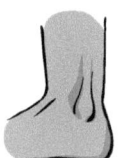

kulnas

de Hack

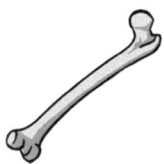

kaulas

de Knaken

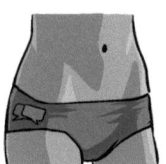

klubas

de Hüft

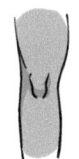

kelis

dat Knee

alkūnė

de Ellbagen

nosis

de Nees

sėdmenys

de Achtersen

oda

de Huut

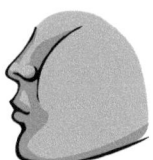

skruostas

de Back

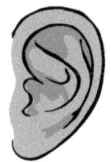

ausis

dat Ohr

lūpa

de Lipp

burna

de Mund

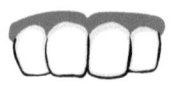

dantis

de Tähn

liežuvis

de Tung

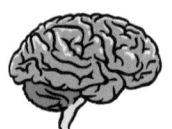

smegenys

de Bregen

širdis

dat Hart

raumuo

de Muskel

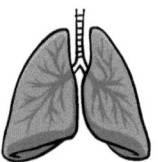

plaučiai

de Lung

kepenys

de Lever

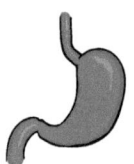

skrandis

de Maag

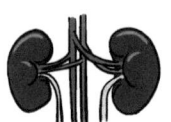

inkstai

de Neren

seksas

de Bislaap

prezervatyvas

dat Kondoom

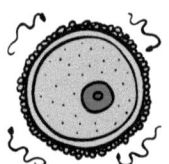

kiaušialąstė

de Eizell

sperma

dat Sperma

nėštumas

de Anner Ümstänn

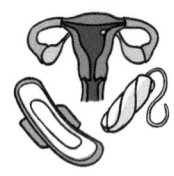

menstruacijos

de Menstruatschoon

makštis

de Scheed

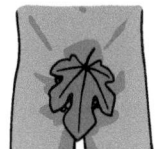

varpa

de Pint

antakis

de Ogenbroe

plaukai

dat Hoor

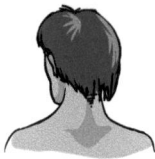

kaklas

de Hals

ligoninė
dat Krankenhuus

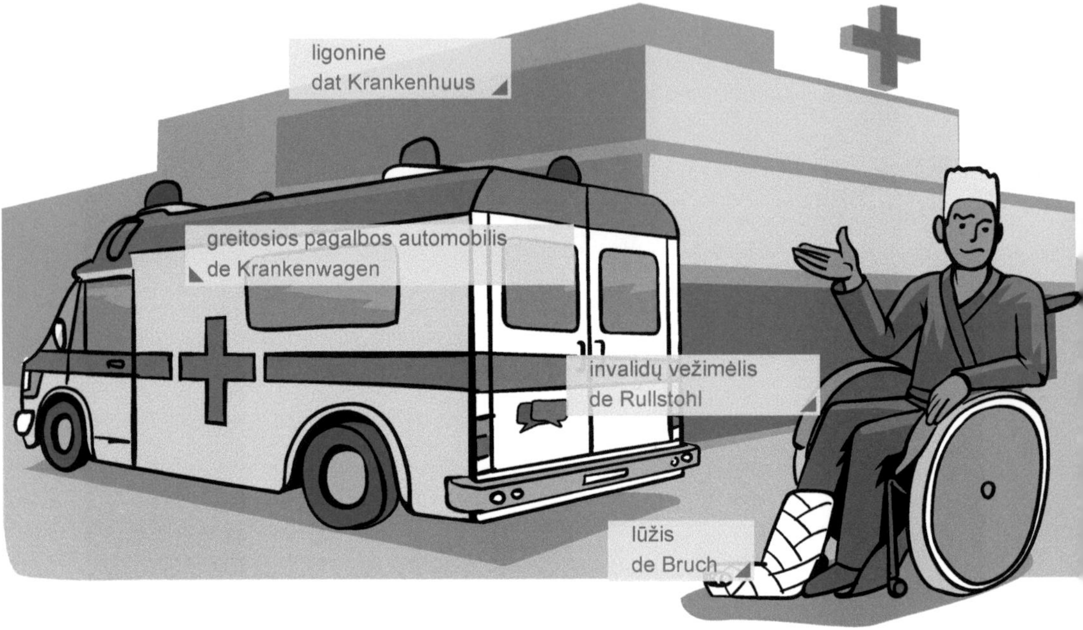

ligoninė
dat Krankenhuus
greitosios pagalbos automobilis
de Krankenwagen
invalidų vežimėlis
de Rullstohl
lūžis
de Bruch

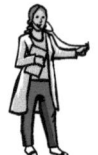

gydytojas

de Dokter

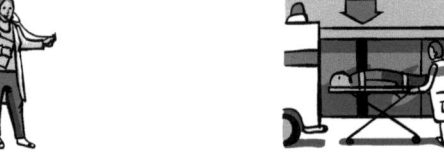

skubios pagalbos skyrius

de Nootopnahm

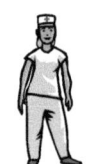

slaugytoja

de Krankensüster

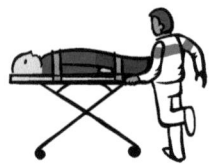

nelaimingas atsitikimas

de Nootfall

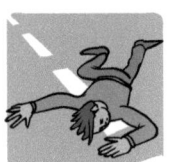

be sąmonės

ahnmächtig

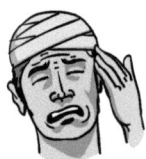

skausmas

de Wehdaag

sužalojimas

de Verwunnen

kraujavimas

de Blöden

širdies smūgis

de Hartinfarkt

insultas

de Slaganfall

alergija

de Allergie

kosulys

de Hoosten

karščiavimas

dat Fever

gripas

de Gripp

viduriavimas

de Dörchfall

galvos skausmas

de Koppwehdaag

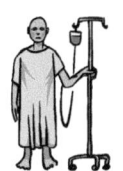

vėžys

de Kreeft

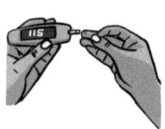

diabetas

de Zuckersüük

chirurgas

de Chirurg

skalpelis

dat Chirurgsch Mess

operacija

de Operatschoon

KT
dat CT

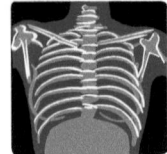

rentgenas
de Dörchlüchten

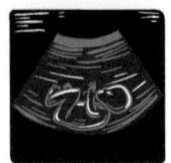

ultragarsas
de Ultraschall

veido kaukė
de Mask

liga
de Krankheit

laukiamasis
de Töövruum

ramentas
de Krück

gipsas
dat Plaaster

tvarstis
de Verband

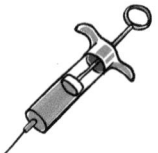

injekcija
de Insprütten

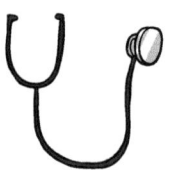

stetoskopas
dat Stethoskop

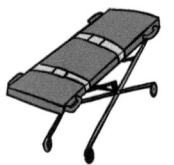

neštuvai
de Draag

termometras
dat Feverthermometer

gimimas
de Geboort

antsvoris
dat Övergewicht

klausos aparatas

de Höörapparat

dezinfekavimo priemonė

dat Kiemfriemiddel

infekcija

de Ansteken

virusas

de Virus

ŽIV / AIDS

dat HIV / AIDS

vaistas

dat Heelmiddel

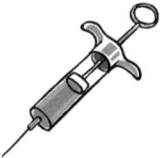

skiepijimas

de Impen

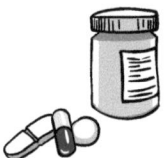

tabletės

de Tabletten

piliulė

de Pill

skubios pagalbos numeris

de Nootroop

kraujospūdžio matuoklis

de Blootdruck-Meter

ligotas / sveikas

krank / gesund

Padėkite!

Hölp!

pavojaus signalas

de Alarm

užpuolimas

de Överfall

ataka

de Angreep

pavojus

de Gefohr

avarinis išėjimas

de Nootutgang

Gaisras!

dat Füer!

gesintuvas

de Füerlöscher

nelaimingas atsitikimas

de Unfall

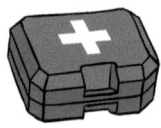

pirmosios pagalbos rinkinys

de Noothölpkoffer

SOS

SOS

policija

de Polizei

Europa
Europa

Šiaurės Amerika
Noordamerika

Pietų Amerika
Süüdamerika

Afrika
Afrika

Azija
Asien

Australija
Australien

Atlanto vandenynas
de Atlantik

Ramusis vandenynas
de Pazifik

Indijos vandenynas
dat Indisch Weltmeer

Pietų vandenynas
dat Antarktisch Weltmeer

Arkties vandenynas
dat Arktisch Weltmeer

Šiaurės ašigalis
de Noordpol

Pietų ašigalis

de Süüdpol

Antarktida

de Antarktis

Žemė

de Eerd

sausuma

dat Land

jūra

de See

sala

dat Eiland

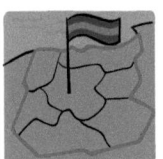

tauta

de Natschoon

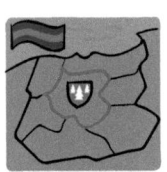

valstybė

de Staat

ciferblatas

dat Tallenblatt

valandinė rodyklė

de Stunnenwieser

minutinė rodyklė

de Minutenwieser

sekundinė rodyklė

de Sekunnenwieser

Kiek valandų?

Wo laat is dat?

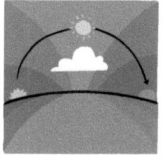

diena

de Dag

laikas

de Tiet

dabar

nu

skaitmeninis laikrodis

de digetaalsch Klock

minutė

de Minuut

valanda

de Stunn

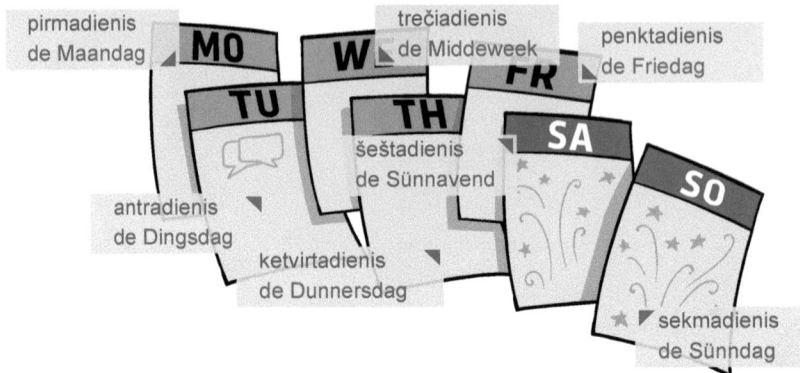

pirmadienis
de Maandag

MO

trečiadienis
de Middeweek

W

penktadienis
de Friedag

FR

TU

TH

šeštadienis
de Sünnavend

SA

SO

antradienis
de Dingsdag

ketvirtadienis
de Dunnersdag

sekmadienis
de Sünndag

vakar

güstern

šiandien

hüüt

rytoj

morgen

rytas

de Morgen

vidurdienis

de Meddag

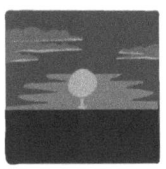

vakaras

de Avend

MO	TU	WE	TH	FR	SA	SU
1	2	3	4	5	6	7
8	9	10	11	12	13	14
15	16	17	18	19	20	21
22	23	24	25	26	27	28
29	30	31	1	2	3	4

darbo dienos

de Arbeitsdaag

MO	TU	WE	TH	FR	SA	SU
1	2	3	4	5	6	7
8	9	10	11	12	13	14
15	16	17	18	19	20	21
22	23	24	25	26	27	28
29	30	31	1	2	3	4

savaitgalis

dat Wekenenn

vaivorykštė
de Regenbagen

lietus
de Regen

sniegas
de Snee

vėjas
de Wind

pavasaris
dat Fröhjohr

ruduo
de Harvst

vasara
de Sommer

žiema
de Winter

4.APRIL	11°	☀
5.APRIL	4°	🌦
6.APRIL	13°	☁
7.APRIL	8°	☀
8.APRIL	10°	☀

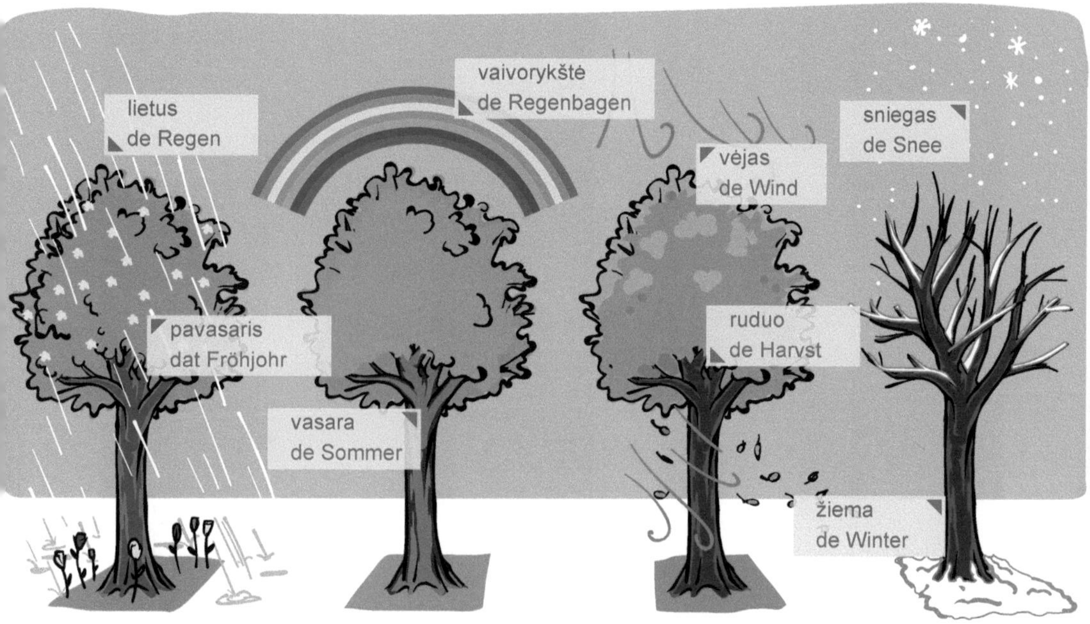

orų prognozė
....
de Wedervörhersaag

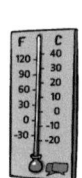

lauko termometras
....
dat Thermometer

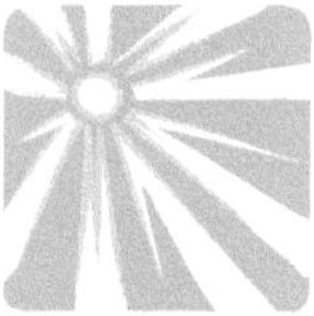

saulės šviesa
....
de Sünnenschien

debesis
....
de Wulk

rūkas
....
de Nevel

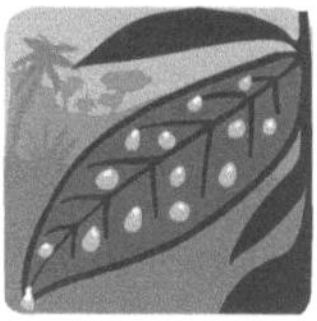

drėgmė
....
de Luftfuchtigkeit

žaibas

de Blitz

griaustinis

de Dunner

audra

de Storm

kruša

de Hagel

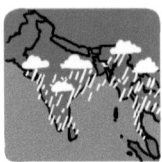

musonas

de Monsun

potvynis

de Floot

ledas

dat Ies

sausis

de Januormaand

vasaris

de Februormaand

kovas

de Martmaand

balandis

de Aprilmaand

gegužė

de Maimaand

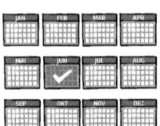

birželis

de Junimaand

liepa

de Julimaand

rugpjūtis

de Augustmaand

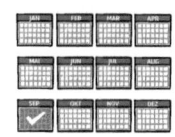

rugsėjis
....
de Septembermaand

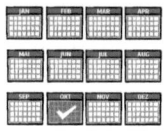

spalis
....
de Oktobermaand

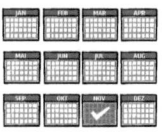

lapkritis
....
de Novembermaand

gruodis
....
de Dezembermaand

formos

de Formen

apskritimas
....
de Krink

kvadratas
....
dat Quadrat

stačiakampis
....
dat Rechteck

trikampis
....
dat Dreeeck

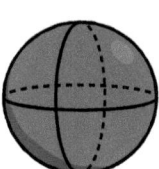

sfera
....
de Kugel

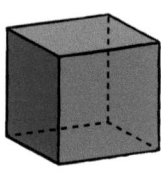

kubas
....
de Wörpel

spalvos
de Farven

balta

witt

geltona

geel

oranžinė

orangsch

rožinė

pink

raudona

root

violetinė

lila

mėlyna

blau

žalia

gröön

ruda

bruun

pilka

gries

juoda

swart

daug / mažai

veel / wenig

piktas / ramus

böös / verdreeglich

gražus / bjaurus

smuck / mies

pradžia / pabaiga

de Begünn / dat Enn

didelis / mažas

groot / lütt

šviesus / tamsus

hell / düüster

brolis / sesuo

de Broder / de Süster

švarus / purvinas

schier / schietig

užbaigtas / neužbaigtas

kumpleet / nich kumpleet

diena / naktis

de Dag / de Nacht

miręs / gyvas

doot / lebennig

platus / siauras

breet / small

valgomas / nevalgomas

geneetbor / nich geneetbor

piktas / malonus

böös / fründlich

linksmas / nuobodus

fickerig / langwielt

storas / plonas

dick / dünn

pirmiausia / paskiausia

toeerst / toletzt

draugas / priešas

de Fründ / de Fiend

pilnas / tuščias

vull / leddig

kietas / minkštas

hart / week

sunkus / lengvas

swoor / licht

alkis / troškulys

de Smacht / de Döst

ligotas / sveikas

krank / gesund

nelegalus / legalus

nich na't Recht / na't Recht

protingas / kvailas

klook / dummerhaftig

kairė / dešinė

linkerhand / rechterhand

arti / toli

neeg / feern

naujas / naudotas

nieg / bruukt

niekas / kažkas

nix / wat

senas / jaunas

oolt / jung

įjungta / išjungta

an / ut

atidaryta / uždaryta

apen / slaten

tylus / garsus

lies / luut

turtingas / vargšas

riek / arm

teisus / neteisus

richtig / verkehrt

šiurkštus / švelnus

ruug / glatt

liūdnas / laimingas

trurig / glücklich

trumpas / ilgas

kort / lang

lėtas / greitas

suutje / flink

drėgnas / sausas

natt / dröög

šiltas / šaltas

warm / köhl

karas / taika

de Krieg / de Freden

0

nulis

null

1

vienas

een

2

du

twee

3

trys

dree

4

keturi

veer

5

penki

fief

6

šeši

söss

7

septyni

söven

8

aštuoni

acht

9

devyni

negen

10

dešimt

teihn

11

vienuolika

ölven

12
dvylika
twölf

13
trylika
dörteihn

14
keturiolika
veerteihn

15
penkiolika
föffteihn

16
šešiolika
sössteihn

17
septyniolika
söventeihn

18
aštuoniolika
achtteihn

19
devyniolika
negenteihn

20
dvidešimt
twintig

100
šimtas
hunnert

1.000
tūkstantis
dusend

1.000.000
milijonas
million

de Spraken

anglų

dat Engelsch

amerikiečių anglų

dat Amerikaansch Engelsch

kinų (mandarinų)

dat Chineesch Mandarin

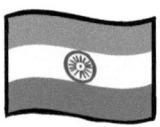

hindi

dat Hindi

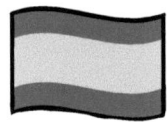

ispanų

dat Spaansch

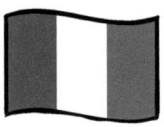

prancūzų

dat Franzöösch

arabų

dat Araabsch

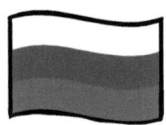

rusų

dat Rusch

portugalų

dat Portugiesch

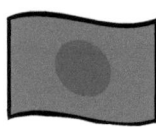

bengalų

dat Bengaalsch

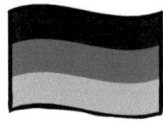

vokiečių

dat Düütsch

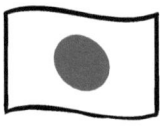

japonų

dat Japaansch

aš
ik

tu
du

jis / ji
he / se / dat

mes
wi

jūs
ji

jie
se

kas?
keen?

ką?
wat?

kaip?
woans?

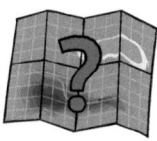

kur?
woneem?

kada?
wannehr?

vardas
de Naam

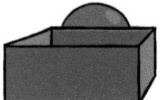

už

achter

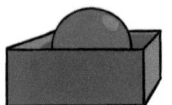

kur (vieta)

in

priešais

vör

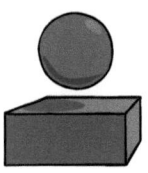

virš

över

ant

op

po

ünner

prie

blangen

tarp

twüschen

vieta

de Oort